CSRM
ベーシックガイド

全国救護活動研究会 著

東京法令出版

はじめに

　15年前、低所から外傷患者を担架に乗せて吊り上げる際、頭部側が足部側より高くなっているのを見て「水平であるべきだ」と感じたのが全ての始まりです。当時は、それらの救助操法が全国的に基本であり、正しいものでした。基本であり、正しいとされているものを変更するには、経験からなる裏付け、医学的根拠からなる裏付け、そして、それらを基にした研究と誰が読んでも研究内容を理解することができる論文的資料が必要でした。そこで数人の仲間で2年ほど研究を重ね、論文にまとめました。その結果、全国から理解と賛同の声が寄せられました。その時の感動経験により、「感動を次の行動のエネルギーにする」全国救護活動研究会の「感動サイクル」が産声を上げました。そして、この「感動サイクル」は救護に関わる様々な分野の方々に広がっていき、1,000人以上の仲間を持つ研究グループとなりました。
　過去を否定するのではなく、進化させる研究
　他の意見を拒否するのではなく、融合させる研究
　否定的な意見をぶつけてくる人は研究に協力してくれる仲間である……ありがとうとお礼を言って話を聞こう。
　このようなスーパーポジティブ発想で様々な研究を重ねています。その研究の一つが「震災時に発生する狭隘空間における救助・救急・医療活動〜CSRM〜」です。
　このCSRMベーシックガイドは『月刊消防』に研究会で連載していた「KENGO君のCSRM修行」をベースにまとめ、必要な部分は内容を充実させて単行本化しました。研究会では、単行本化するにあたり、「KPT（KENGO Project Team）」を立ち上げ、約30名で1年間編集に奔走しました。研究に2年、連載に2年、単行本化に1年、この編集の間にはたくさんのドラマがありました（興味のある方はいつか研究会でお会いしましょう。）。少人数では決してなし得ないことを達成できたことにとても感謝しています。
　一緒に研究を重ねてくれた全国の救護活動関係者の皆さん、各方面の様々な研究会の皆さん、本当にありがとうございました。そして、私たちの研究の基礎となる消防の知識、技術を長年にわたり磨き続けてきた先輩方に心から感謝しています。
　この本を手にとっていただいた皆さまにお願いです。本に記載されている内容は、可能な限り検証を行い、誤りがないように仕上げましたが、時代の変化や技術の進歩など、様々な理由で改善の必要に気付くことと思います。私たち研究会は、いつでもご指摘・ご批判をお待ちしています。よろしくお願いします。
　最後に、仲間の熱意と研究に協力していただいた専門家の皆さまの愛情が日本全国の救護活動に関わる皆さまに伝わり、救命率が向上することを心から祈っています。

平成25年3月

　　　　　　　　　　　　　　　全国救護活動研究会　　代表　　八櫛　德二郎

目　次

はじめに

第1章　震災時の活動 ……………………………………………… 1

1　震災と狭隘空間 …………………………………………… 1

- ① 震災対応とは ………1
- ② 過去の震災状況 ………2
- ③ 狭隘空間とは ………3

2　救助隊・消防隊に求められる活動 ……………………… 5

- ① 求められる活動とは ………5
- ② 用語の確認 ………6

3　震災現場活動とCSRM …………………………………… 7

- ① 震災現場におけるCSRMを実施するためのステップ ………7
- ② 装備・資器材 ………8
  - ・PPE（Personal Protective Equipment：個人防護装備）………8
- 資器材紹介　緊急用簡易担架　レスキューボード ………10

4　震災時以外のCSRM ……………………………………… 11

第2章　初期活動と安全管理 ……………………………………… 12

1　状況評価（現場確認と危険判断）……………………… 12

2　安全管理 …………………………………………………… 13

- ① 倒壊危険建物の危険度確認 ………13
- ② がれ場での通行路の確認 ………16
- ③ 突起物などの確認 ………17
- ④ 空気環境危険 ………17

3　活動スペースの確保と安定化 …………………………… 18

- ① 重量物の移動（リフティング・ムービング）………18
- ② 重量物の安定化（クリビング）………19

4 倒壊危険建物のショアリング ……………………………………… 20

① ショアリング（建物の応急処置的補強）を知る ………21
   (1) ショアリングとは ………21
   (2) ショアリングの種類 ………21
   マメ知識　CSCATTT ………23

第3章　指揮進入活動 ……………………………………… 24

1 指揮進入活動とは ……………………………………… 24

① どこに進入するのか？（現場確認と捜索） ………24
② 進入できるのか？（環境観察・危険度判定） ………25
   マメ知識　捜索活動の例「人的基本捜索」………26
③ 進入するための準備は？（活動スペースの確保、資器材の準備） ………28

2 進入管理 ……………………………………… 動画付 29

① 進入管理 ………29
② 隊員の活動時間について ………29

3 進入活動 ……………………………………… 32

指揮進入活動フローチャート ………34
マメ知識　捜索災害救助犬の活動要領 ………35

第4章　狭隘空間活動 ……………………………………… 36

1 狭隘空間活動とは ……………………………………… 動画付 36

① ライトの重要性 ………36
② CSRのポイント ………37
③ CSR—狭隘空間での救助活動 ………38
   マメ知識　臨機応変な救出計画 ………39

2 障害物突破 ……………………………………… 41

① 障害物突破（用手的排除、ブリーチング、リフティング、クリビングなど） ………42
② 要救助者の観察 ………43
③ 要救助者の保温保護 ………43
④ 要救助者の搬出 ………43

③ 要救助者の観察・保温保護 ·· 動画付 44

　① 観察 ……… 44
　② 保温保護 ……… 44
　　マメ知識　低体温 ……… 46
　　マメ知識　1人ログロール ……… 47

④ 要救助者の搬出 ·· 50

第5章　救急活動 ·· 52

1 CSRMにおける救急活動とは ··· 52

　① 救助隊が実施する救急活動 ……… 52
　② CSRMを共に行う医療関係者 ……… 52

2 CSRMにおける救急関係資器材 ··· 53

　(1) パルスオキシメーター ……… 53
　　マメ知識　一酸化炭素飽和度が測定できるパルスオキシメーター ……… 55
　(2) 心電図モニター ……… 56
　(3) AED、ポータブルエコー ……… 58
　(4) 救急隊保有資器材 ……… 59
　(5) 輸液（点滴） ……… 60
　(6) 資器材説明の終わりに ……… 64

3 CSRMにおける救急活動 ··· 65

　① 基本的観察事項 ……… 65
　② CSRMにおける救助隊員の重要な役割 ……… 68
　　マメ知識　要救助者からの情報聴取 ……… 68
　③ 瓦礫災害時に起こりやすい病態 ……… 70
　　マメ知識　出血量の目安 ……… 71
　　・低体温 ……… 72
　④ 重量物に圧迫されている要救助者の救助方法 ……… 74
　　マメ知識　クラッシュシンドローム ……… 74

第6章　総合訓練 ·· 76

1 訓練想定 ·· 76

目次

② 総合訓練実施 77

③ 総合訓練のまとめ 96
    イメージトレーニングシート ………97
    各隊員の役割 ………98

索引 100

KENGO Project Team 103

■ 動画について

- 本書は、救助活動の訓練方法を動画で紹介しています。
  スマートフォンやタブレット端末で二次元コードを読み取ると、動画をご覧いただけます。
- 上記の動画の著作権は、全国救護活動研究会が所有します。許可なく複製、配布、配信することはできません。

▌KENGO君って誰？

　この本の文中には所々にKENGO君が登場します。KENGO君は、『月刊消防』に連載していた際の主役の新人消防士です。連載は、新人消防士が先輩に連れられ、様々な訓練や研究会に参加し、1年半かけて成長していくストーリーでした。単行本化するにあたり、KENGO君と先輩の会話は一般的な説明文に変更し、なくす予定でした。しかし、KENGO君が消えることを耳にした読者から、どうにか残してほしいとたくさんメールをいただきました。そこで、連載時よりは少なくなりますが、KENGO君と先輩の会話を単行本にも入れさせていただきました。

自己紹介させてください！
　はじめまして！　僕の名前はKENGO。
　消防士になって3年、今はポンプ隊員や救急隊員として毎日がんばっています！
　家族は妻と二人っきりで、これから増やしていきたいと考えています（連載から2年たち、実は子どもが1人増えました。）。趣味はランニングと旅行、特技は人の倍食べることです（消防署のご飯がおいしくって……）。
　性格は、ちょっとカタイです。長所も短所もカタイところです。
　こんな僕ですが、どうぞよろしくお願いします。

KENGO君

先輩
KENGOの頼りになる先輩。目標とする人でもある。

先輩

第1章 震災時の活動

1 震災と狭隘空間

　震災時の活動を考えるには、まず、「震災とは何か？」をよく見つめ直さなければなりません。そして、震災時の救命率を向上させるためには、過去の災害からも分かるように、「倒壊建物などの狭隘空間に発生する生存者」に対する活動を充実させる必要があります。

　第1章では震災時に消防士に求められる活動のCSRM（Confined Space Rescue & Medicine ＝狭隘空間における救助・救急・医療活動）について、その必要性と概略を説明します。それでは、「救命率向上の扉」を開けましょう。

❶ 震災対応とは

　「震災とはどのようなものでしょうか？」

　世界的には回答が難しい質問でも、日本人はこの質問に対して、何らかの回答ができるのではないでしょうか。それは日本が地震大国だからだと思います。日本人の多くが地震を体験し、地震に慣れているからです。しかし、私たち日本人は本当に地震を……地震の恐怖を理解できているのでしょうか？　ここで、先ほどの質問を少し変えてみましょう。

　「震災で逃げ遅れたり、けがをしたら、どのようになるのでしょうか？」

　多くの方がこの質問に答えるのは難しくなってくるのではないでしょうか？　この一般人向けの質問を人命救助のプロである消防士に向けて変えてみましょう。

　「消防は震災時にどのようなことをしなければなりませんか？」

　多くの消防士は回答ができるでしょう。それどころか、計画的な震災対応について、組織の動きを説明してくれるかもしれません。

　では、「震災時に倒壊建物から逃げ遅れた人を限られた資器材で救助するにはどのような活動が必要ですか？」

KENGO君

KENGO：皆さん、はじめまして！
　新人消防士のKENGOです。これから、皆さんと一緒にCSRMについて、学ばせていただきます。まだ、右も左も分からない新人ですが、よろしくお願いします。

先輩：よし、これから1年間、あせらずにしっかりと勉強していこう。

おっ！
お願いします！

地震を多く経験し、地震に慣れていて、地震のことをよく知っているはずなのに、回答が難しくなってくるのではないでしょうか？　それはシンプルに「被害のない地震は数多く経験しているが、甚大な被害が発生するような地震の経験は少ない。」からだと思います。

つまり、知識は体験により確立していくからだと思います。被害のない地震の経験から知識が確立してしまうと「震災時に特別なことをしなくても対応できるのではないか。」と勘違いしてしまう可能性があるのです。被害が甚大であった大震災を経験した消防士たちは「震災時の活動は過去に経験したことのない過酷なものだった。」と語っています。つまり、震災対応には特別な知識・技術が必要なのです。このことを念頭に置きながら、改めて震災と向き合ってみましょう。

❷ 過去の震災状況

震災時の活動を説明する前に、日本で発生した過去の地震の状況を振り返ります（表1−1）。

表1−1　近年の主な地震の発生状況

発生年月日	地震名	マグニチュード	死者、不明者
1993. 7.12（平成5年）	北海道南西沖地震	M7.8	死者202名、不明者28名
1994.10. 4（平成6年）	北海道東方沖地震	M8.2	死者9名、不明者2名
1994.12.28	三陸はるか沖地震	M7.6	死者3名
1995. 1.17（平成7年）	兵庫県南部地震 （阪神・淡路大震災）	M7.3	死者6,434名　不明者3名
2000.10. 6（平成12年）	鳥取県西部地震	M7.3	死者・不明者なし
2003. 5.26（平成15年）	宮城県沖地震	M7.1	死者・不明者なし
2003. 9.26	十勝沖地震	M8.0	不明者2名
2004.10.23（平成16年）	新潟県中越地震	M6.8	死者68名
2005. 3.20（平成17年）	福岡県西方沖地震	M7.0	死者1名
2005. 8.16	宮城県沖地震	M7.2	死者・不明者なし
2007. 3.25（平成19年）	能登半島地震	M6.9	死者1名
2007. 7.16	新潟県中越沖地震	M6.8	死者15名
2011. 3.11（平成23年）	東北地方太平洋沖地震 （東日本大震災）	M9.0	死者18,131名（国内外） 不明者2,829名（国内外）

過去の震災を振り返ると改めて、その頻度の多さが分かります。日本の有史以来の主な被害地震を地図に表示しました（図1-1）。一部の地域だけではなく、日本全域に被害地震の可能性があることが分かります。

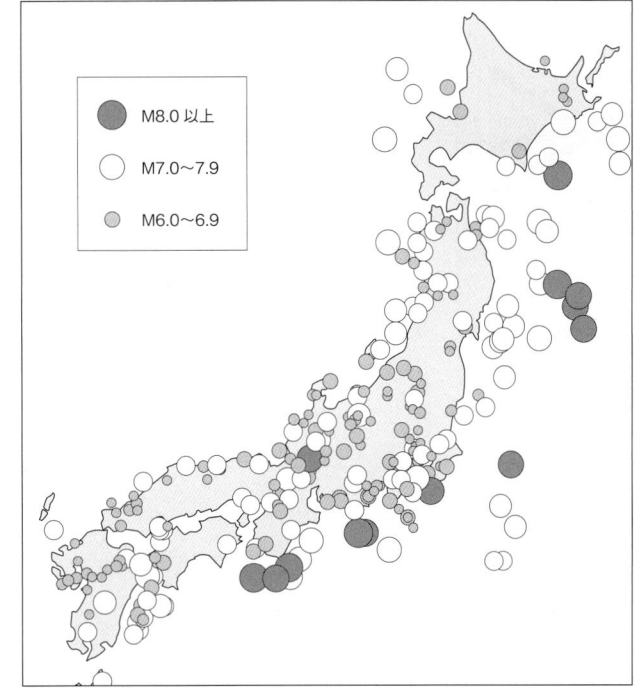

図1-1　日本の主な被害地震（気象庁資料などによる）

❸ 狭隘空間とは

震災による被害はその発生機序などにより形態も様々ですが、建物の倒壊により多くの人的被害を発生させることは過去の災害からも明らかです。同時に倒壊建物の中に作られる狭隘空間（Void）に人が取り残され、生存している状況が多く発生することも過去の災害で確認されています。

ここで建物の倒壊パターンと狭隘空間の状況について、代表的なものを表1-2に示します。

表1-2　建物の倒壊パターンと狭隘空間の状況

一方座屈タイプ 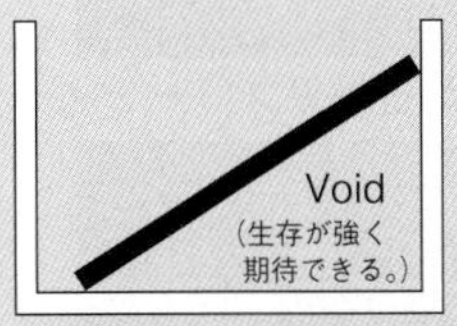 Void （生存が強く期待できる。）	床面の一方が崩落し、一方は壁などに支えられた状態です。 　不安定材を安定材が支えているため、比較的に安定している可能性が高いといわれています。しかし、不安定なことに変わりはないので注意が必要です。壁などの安定材と接する状況により、安全性が変わります。
Vタイプ 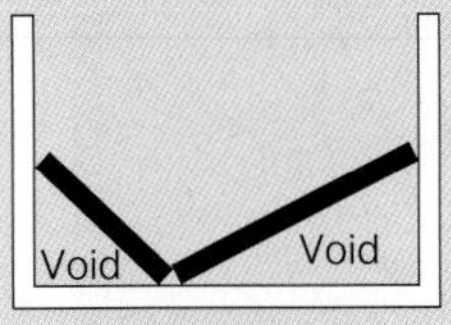 Void　Void	床面の中央付近が崩落した状態です。梁の接合部など建物の中央付近で発生します。 　一方座屈タイプと同様で不安定材を安定材が支えているため、比較的に安定している可能性が高いといわれています。しかし、不安定なことに変わりはないので注意が必要です。壁などの安定材と接する状況により、安全性が変わります。

腕木タイプ 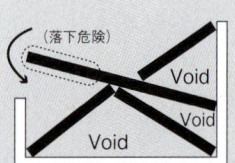	床面の一方が張り出し、一方は埋まった状態です。 　張り出した部分の落下危険が非常に高く注意が必要です。コンクリートなどの重量物が落下してきたら、ひとたまりもありません。張り出し部分の下部での作業は、原則禁止です。
多重座屈タイプ 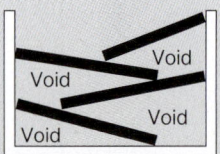	複数階が崩壊し、何層にも積み重なった状態です。倒壊建物の至る所に狭隘空間が発生します。 　不安定材を不安定材が支えている危険度の高い状態です。ブリーチングなどで一部破壊する場合には特に注意が必要です。
座屈階降下タイプ 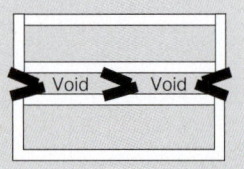	複数階の建物でうち一つの階層が全体的に座屈し降下した状態です。 　特徴として、建物の倒壊部分から上層部が水平に降下し、建物自体は安定していることが多いです。しかし、上層階を地面から直接支える柱がないことから、傾き観察が重要です。

　震災時には様々な救助活動を行わなくてはなりません。倒壊建物に関係する活動現場は、生存者を救出できる可能性が高いのですが、二次災害の発生する可能性も高いので細心の注意が必要です。

座屈階降下タイプの例

写真1－1　大規模な集合住宅

写真1－2　既存の進入口からのアプローチ

写真1－3　小規模な集合住宅

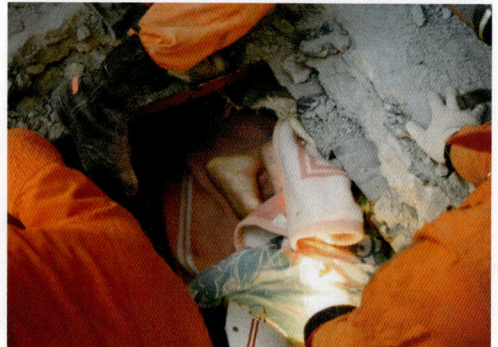

写真1－4　床のブリーチングによる開口部からのアプローチ

2 救助隊・消防隊に求められる活動

1 求められる活動とは

　震災で発生する救助活動現場はあらゆる状況が想定されますが、過去の災害経験から「発生率が高く、さらに時間が経過した後でも救命率が高い」救助事象に、「倒壊建物内の狭隘空間における脱出不能要救助者の救出活動」があります。この狭隘空間における脱出不能者を救出する活動（CSRM）が必要な現場では、消防士に様々な活動が求められます。そこで日常の任務と異なる活動について、幾つかの例を挙げます（ここでは、組織的な活動ではなく、最前線の小隊が行う活動を示します。）。

現場へ出動……
- 活動場所の周辺が全て被災現場であり、危険因子などがあふれている。
　　確実な情報収集、危険因子の明確化及び安定化（ショアリングなど）
　　複数の現場に対する救助的トリアージと医学的トリアージの判断など（P.25参照）
- 通行障害や活動障害が多く、障害を除去若しくは安定化しなければならない。
　　人力による重量物の除去（ムービング、リフティング、ピグリグシステムなど）
　　安定化（クリビングなど）
- 多くの救助活動が同時に発生するため、人的にも装備的にもパワーが不足する。
　　少数で最大限の活動をするための知識技術が必要（CSRM）
　　内部進入できる救急隊を含む医療関係者が不足するため、救助隊による救急判断及び処置が救命のために重要（CSRM）
　　医療関係者との連携及び医療関係者の投入が必要（CSRM）

　これらの例を見て分かるように震災現場では、救助隊、消防隊にかかわらず、消防士は、指揮隊であり、救助隊であり、救急隊であることが求められます。しかし、そのようなオールマイティな活動は現実的に可能でしょうか。「常識的に考えて、不可能だ。」……といいたくなるのではないでしょうか。しかし答えは可能です。もちろん、全ての隊に成り代わることはできませんが、「必要なことを必要なときにする。」そして「計画的に実施する。」ことで様々な隊に変身するかのように充実した活動が実施できます。自分たちは何をすべきで何ができるのかを判断し、優先順位を付けて、明確に活動方針を設定することで、安定した活動が可能になるのです。それらの中で重要な要素が救急の観察技術と処置技術です。例えば、観察の結果、「ショック兆候あり」だから「下肢挙上」、その結果「ショック兆候改善」という具合に充実した観察結果と基本的な救急処置で、容体悪化を遅延させることに効果が期待できます。

❷ 用語の確認

　ここで用語の整理を行い、救助隊の活動を整理してみましょう。まず、狭隘空間（Confined Space）で行う救助活動が「CSR」（Confined Space Rescue）です。日本語では「がれ場救助」といわれています。この「CSR」には、基本的な救急処置が含まれています。基本的な救急処置とは、保温や体位管理、容体観察、酸素投与などです。狭隘空間に取り残された要救助者は低体温に陥っている可能性が高いので、救命には保温が重要だといわれています。出血に対する処置や外傷の程度から緊急度を判断する容体観察なども重要な活動です。

　医療関係者が行う薬剤投与などの活動を「CSM」（Confined Space Medicine）といい、日本語では「瓦礫の下の医療」といわれています。

　そして、救助隊や消防隊が救急隊や医療関係者と連携し、救急処置を含んだ救助活動を行いながら医療活動も同時に行うことが「CSRM」です。日本語では「狭隘空間における救助・救急・医療活動」となります。救助隊及び消防隊は「CSRM」に移行することを前提とした「CSR」を行う必要があるのです。消防士個人が「救急処置は救助隊及び消防隊の任務だ」とはっきり認識する意識改革が必要かもしれません。

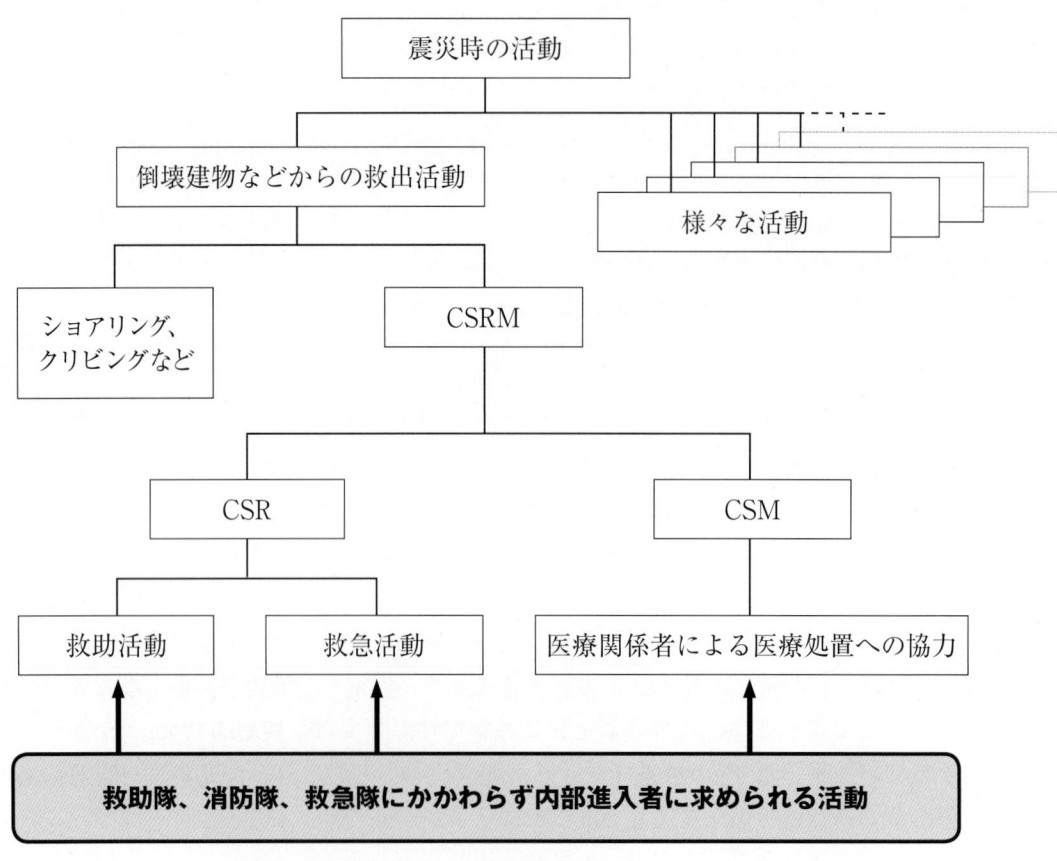

図1-2　CSRMのイメージ

3 震災現場活動とCSRM

　災害対応のプロフェッショナルである消防士にとって、震災とはどのようなものか全体像が見えてきたと思います。ここで具体的に震災現場活動のステップと装備資器材について、確認しましょう。

❶ 震災現場におけるCSRMを実施するためのステップ

初期活動　（第2章）
（現場確認・危険判断、安全管理体制の確立、捜索など）

倒壊危険建物対応　（第2章）
（ショアリング、傾きマーカーの設定・マーキングなど）

指揮進入活動　（第3章）
（救出プランの作成、医療関係者との連携など）

狭隘空間活動　（第4章）
（進入路確保・破壊活動など）

救出活動　（第4・5章）
（救急活動、搬出活動、医療関係者との連携など）

医療関係者への引き継ぎ　（第5章）

　このようなステップで救助活動は展開されていきます。それぞれの詳細な活動方法については各章で具体的に説明します。

❷ 装備・資器材

⑴ PPE（Personal Protective Equipment：個人防護装備）

　災害現場には様々な危険が潜んでいます。特に震災時の建物倒壊などの現場では、私たちが日常対応している災害とは異なった危険が潜んでいます。その中で体への悪影響が強いと考えられているのが、粉塵です。粉塵対策は、防塵マスク、耳栓、ゴーグルです。その他には、私たちにも常識ですが、ヘルメット、グローブ、安全靴です。さらに、肘・膝パッドが重要です。狭隘空間の活動では、「ほふく」して活動することが多くなります。パッドがなければ肘と膝が傷だらけになるでしょう。
　これらのPPEは、救助者だけでなく要救助者にも可能な限り着用させるべき物となります。

写真１－５　PPE

⑵ CSRM関係資器材（1小隊分資器材の全体像）

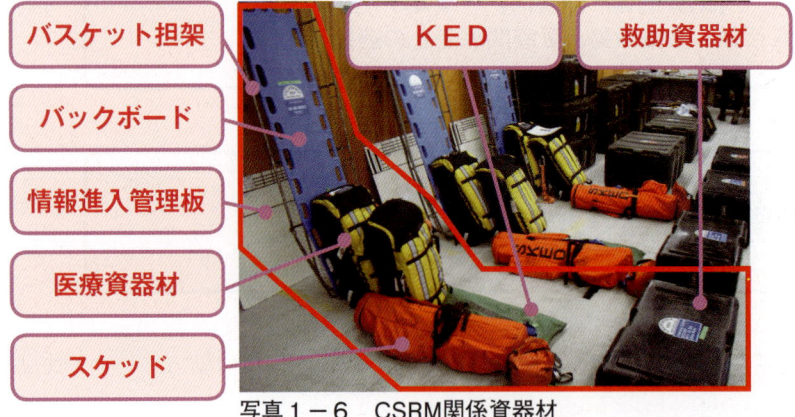

写真１－６　CSRM関係資器材

　写真１－６の赤枠内が１小隊分の資器材を示しています。CSRMは知識と技術は必要ですが、示したとおり多くの資器材を必要とはしません。
　写真は米国の訓練資器材で、パラメディックが使用する医療資器材も含まれています。

(3) CSRM関係資器材（スケッドストレッチャー）

写真1−7　スケッドストレッチャー

狭隘空間からの救出時に要救助者を保護する有効な資器材です。ロングタイプとハーフタイプがあり状況により使い分けます。

脊柱固定や保温の性能がないため、状況により脊柱固定器具や保温シートなどと併用することが求められます。

写真1−8　ロングタイプ

写真1−9　ハーフタイプ

(4) CSRM関係資器材（大腿骨固定関係）

写真1−10はシーネと三角巾、写真1−11はＫＴＤ（Kendrick Traction Device）。大腿骨骨折時の固定処置をしたところです。大腿骨骨折は、多くの出血を伴いショックに陥る可能性があるため、それ以上出血させないことを目的として、適切に牽引や整復をし、固定することが必要となります。

写真1−10　シーネと三角巾

写真1−11　KTD

(5) バイタルサイン測定キット

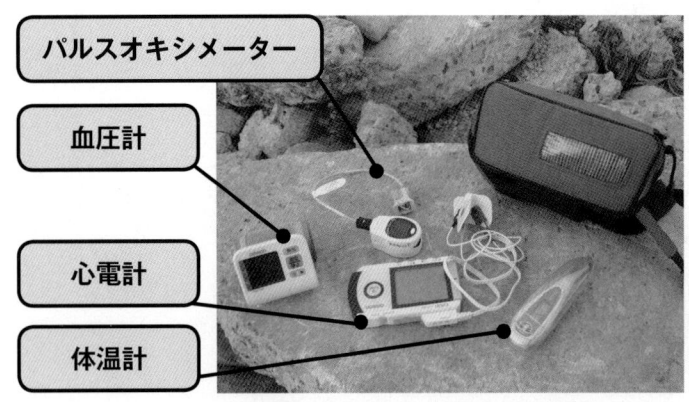

写真1-12　バイタルサイン測定キット

バイタルサイン測定キットを活用してバイタルサイン測定を行うと、迅速で正確な観察が行えます。CSRMでは可能なら2系統の測定資器材を準備しましょう。

問合せ先
（株）トーハツ　防災営業部
TEL　03（3966）3115
FAX　03（3966）2951

このような装備や資器材を活用して、震災時には活動を行いますが、震災時に活動するのは救助隊だけではありません。救助隊が保有しているような資器材がない場合でも、要救助者の救出活動は実施しなければなりません。最低限、どのようなものがあれば活動できるのかを理解する必要があります。CSRM関係資器材は、一般の消防隊が保有しているものもあります。繰り返しになりますが、「全ての資器材がそろわなければ活動ができない」のではなく、「どのような資器材があれば、どのような活動ができるのか」を総合的に判断できるように震災時の活動を理解することが重要です。

資器材紹介

緊急用簡易担架　レスキューボード

写真1-13　レスキューボード

写真1-14　研究中の担架

"レスキューボード"は、「多くの負傷者が重い畳や戸板に乗せられて運ばれてきた」という阪神・淡路大震災の教訓から開発されたもので、一般人でも救助隊でも効果的に活用できる救助担架です。収納時は3つ折りにし、小さく薄く、保管することができます（使用時1,800mm×730mm、収納時600mm×730mm）。3.5kgと軽量ですので、カバンを下げるように持ち運べます。

本体は古紙を再利用したリサイクル素材です。紙ですが最大耐荷重は約500kg（素材乾燥時）、24時間水浸後でも約200kgあり、十分な強度があります。

問合せ先
安達紙器工業株式会社
TEL　0258（24）2145　　FAX　0258（24）5597

研究会では、レスキューボード開発業者と連携し、救助隊の要望に応えられる新しいレスキューボードを研究中です。

4 震災時以外のCSRM

　震災対応としてCSRMの知識技術が必要です。
　さて、震災以外の災害ではどうでしょうか。土砂崩れなど、震災以外の災害でもCSRMは必要となるでしょう。これらの災害は、いつ、どこで発生するか分かりません。さらにいうと、大規模な災害でなくてもCSRMが必要とされる状況が発生する可能性があります。車両が押し潰された交通事故などがその一例です。
　では、CSRMで使われる知識・技術を、日常的に行われている災害活動に置き換えてみましょう。
　「要救助者の観察結果から容体を把握し、容体に合った処置を行い、少しでも後遺症の残らない努力を積み重ねた救助活動を行う。」
　このような活動は常に必要だと思われます。状況によっては、
　「活動が長期化する場合には、隊員の入退出時間などを把握し、効率的な救出プランを作成し、初動時から計画的な活動を行う。」
　このような活動も必要です。これらの要素はCSRMに含まれているのです。
　CSRMを学ぶことで日常の救助活動スキルが向上することとなるので、「CSRM＝震災時のみの活動」とするのではなく、日常行っている活動の延長線上に、震災対応活動CSRMがあると位置付けてもよいのではないでしょうか。

KENGO君

K：震災時は活動が違うということは分かったんですが、資器材もいろいろ出てきて、救急のこともやらないと……。
S：まぁ、そんな急に考え込むことはないよ。資器材も救急のことも特に難しいことではなく、基本的な内容だ。一つずつ確認していこう。
K：倒れかけた建物に入るんですよね……。
S：不安でいっぱいという感じだな。建物に進入する場合もむやみに入るのではなく、計画的に危険判断や安全管理を行ってから入るんだ。
K：で、でも不安です……。
S：勉強や訓練で不安は少しずつ解消されていくぞ。
K：訓練を積めば不安はなくなるんですね。
S：しかし、不安に思うことはとても大切なんだ。常に現場は危険と隣り合わせだからな。不安要素、つまり危険要素を常に頭に思い浮かべながら活動することが必要なんだ。

第2章 初期活動と安全管理

1 状況評価（現場確認と危険判断）

　震災現場は、通常とは異なる現場であるのと同時に様々な危険が存在します。そのため、初期活動として、状況評価（現場確認と危険判断）を日常の災害より慎重かつ確実に行う必要があります。そして、確実な現場確認と危険判断に基づき、安全管理を行うことが活動の第一歩となります。現場確認と危険判断については、通常の災害と同じ確認項目も多くありますが、震災時特有の確認項目もまた多くあります。
　表2-1で確認しましょう。
　これらの現場確認と危険判断は同時に行われます。つまり、現場確認を行う中で部分的に危険判断が行われるのです。

表2-1　状況評価項目

確認時期	確認項目	危険判断	具体的行動の例
情報から確認	現場の建物状況	倒壊危険、落下物危険	接近可否判断
	周囲の建物状況		
	要救助者の状況		
遠方から確認	現場の建物状況	倒壊危険、落下物危険	進入制限
	周囲の建物状況		
	活動場所の地面の状況	活動危険	接近経路、危険箇所の明示
現場で確認	現場の建物状況	倒壊危険、落下物危険、ガス漏えいなど	傾きマーカーなどのマーキング、重量物計算、ショアリング、環境測定など
	周囲の建物状況		
	活動場所の地面の状況	活動危険	危険排除、危険箇所のマーキング（明示）など
	周囲で活動する隊情報		資器材の保有状況など
	病院などの医療情報		医療的支援の可否
	要救助者の状況	救出プランの作成	危険排除、危険箇所のマーキング（明示）、ブリーチングなど

　現場確認は活動する現場を広く観察し、効率的に危険を判断していきます。危険を判断する際のポイントとして、「高いところから低いところへ視線を移す。」ことが重要です。足元まで視線が移動したら、高いところへ視線を戻し、再度、高所危険を判断します。人は歩くときに転倒しないように足元を

よく見て歩行する習性があります。震災時の災害現場では、足元の瓦礫内部に要救助者がいるかもしれないという気持ちも重なり、さらに足元に注意が引き付けられます。その結果、頭上の落下危険に気付くのが遅れてしまうのです。震災現場で特に危険なものは、倒壊危険のある建物とその建物に付属する看板や室外機などの重量物であることをよく理解しましょう。

2　安全管理

写真2-1　　　　　　　　　　　　写真2-2

　写真2-1、写真2-2のように、耐火造建物などが多い地域における災害現場では、地震発生直後から、余震などによりさらなる建物崩壊が起こる可能性があるとともに、コンクリート片やむき出しの鉄筋、可燃性ガス、危険物の漏えい及び粉塵・アスベストなど有害物質の飛散による危険性などがあります。そのため、災害現場の「確実な状況評価と危険判断」による「個人防護や危険回避処置などの安全管理」が重要となります。

　ここでは、震災時特有の判断項目と危険回避処置の代表的なものについて説明します。

① 　倒壊危険建物　　　　　　傾きマーカーの設定
② 　がれ場上の通行危険　　　不安定材の除去、マーキング
③ 　活動場所の突起物など　　突起物の保護・除去、マーキング
④ 　空気環境危険　　　　　　測定器などによる環境観察、送風機などによる環境改善

　では、これから詳しく説明していきましょう。

1　倒壊危険建物の危険度確認

　倒壊危険建物の危険度を確認する場合、建物の倒壊が進行しているのか、つまり、時間とともに傾きやずれが進行しているのかを確認する必要があります。

　また、目視では詳細な観察に限界があるため、目印となる傾きマーカーを設定します。傾きマーカーとは、建物の接合部やひび割れを起こしている部分に赤スプレーなどでラインを引き、日付や時間などを記入することです（写真2-3）。

　このような目印を付けることをマーキングといいます。

写真2-3　建物接合部へのマーキング

既に傾いている倒壊建物や傾く可能性がある建物には、建物の構造や重量を確認し、状況に応じてショアリングを施します。

震災時の現場では活動する隊員の人数が限られる可能性が十分考えられ、安全管理担当を指定し、確認時間を決め、継続的にラインのずれや外観上の傾きなどを確認する必要があります。

(1) コンクリート壁面等に複雑なひび割れがあった場合のマーキング

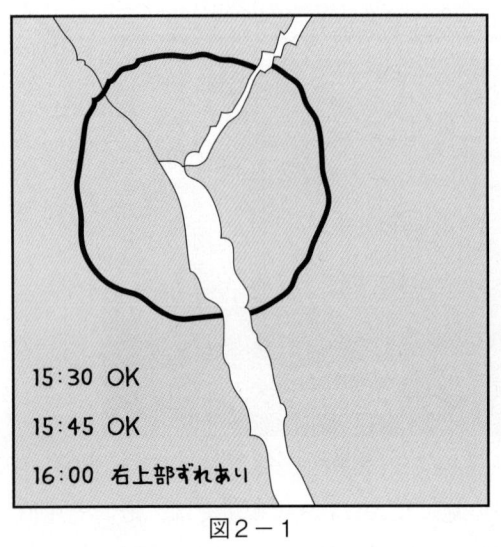

図2－1

複雑なひび割れは縦軸、横軸、斜めの軸など、様々な方向の「ずれ」を確認することができます。

数箇所のひび割れを囲むように円でマーキングをすると、「ずれ」の変化が分かりやすくなります。

傾きマーカーを設定した場合は、定時的に状況を確認する必要があります。

どのくらいの時間でずれたのか？　また、どのくらいの時間はずれていないのか？　を確認するため、確認時間を記入しておく必要があります（図2－1）。

(2) ひびの幅を詳細に計測し、変化を測定する方法

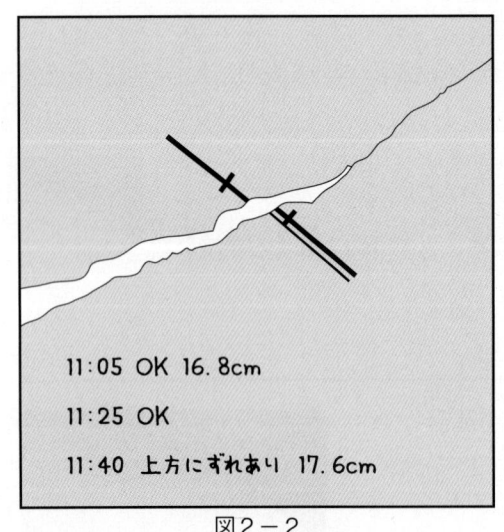

図2－2

詳細な観察が必要な場所では、ひびや割れ目の幅を計測します。

ひびや割れ目は縁が不鮮明な状態の場合が多いので割れ目の外側（両側）に基準の目印を付けておき、その目印の幅を測定します。

線のずれを見ることとひびや割れ目の幅を見ることで、上下左右の変化を詳細に観察することができます。

傾きマーカーを設定した場合は定時的に記録をとり、他隊も確認ができるように壁面に確認結果を記載します（図2－2）。

(3) 建物の傾斜を詳細に観察する方法

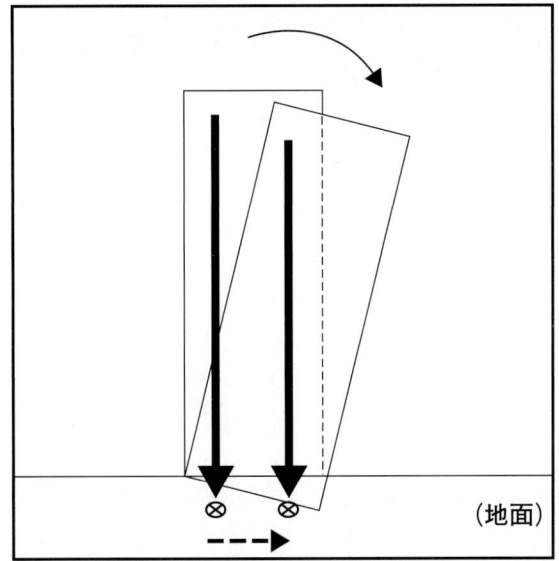

図2-3

倒壊危険がある建物で救助活動を実施する場合には、建物の傾斜状態を詳細に把握する必要があります。建物の上方から重りなどをつるしたロープを垂らし、ロープの移動状態を壁面や地面上に記録することで微妙な傾斜を把握することが可能になります（図2-3）。

しかし、倒壊の危険がある建物の上方にロープを設定するという危険な活動が伴うため、安全管理を十分に検討してから実施する必要があります。

壁面に傾きマーカー用のロープを設定する場合には、建物が傾斜する可能性のある方向を検討し、「傾斜方向を左右に見られる面」にロープを設定します。

壁面にはロープの静止している位置をマーキングし、確認時間を記載しておきます。

地面上に移動状態を記録する場合には重りになる物体に必ず矢印などで基準となる点を明示します（図2-4）。

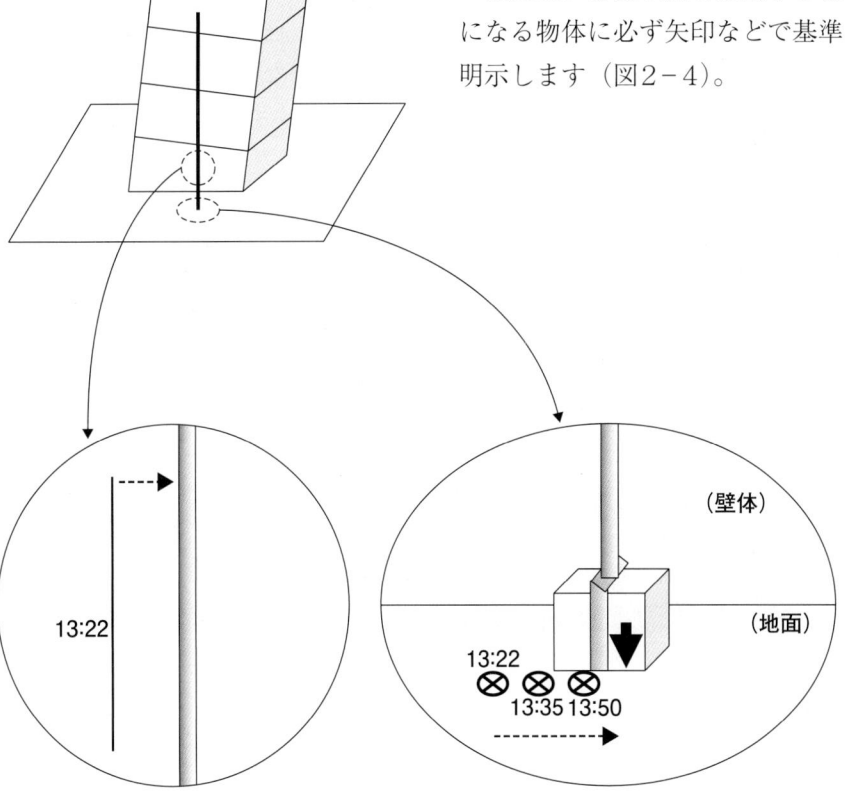

図2-4

❷ がれ場での通行路の確認

がれ場では足場が非常に不安定であり、大小様々な瓦礫が散乱し、普通に歩くだけでも転倒などの危険があります。特にコンクリートなどの重量物で不安定になっている瓦礫の上を歩いてバランスを崩した場合は、大きな倒壊やけがにつながる可能性があります。

写真2－4のように不安定ながれ場上が活動現場になる場合は、まず初めに一定の通行路を決め、その通行路にある瓦礫に「安定材は○」、「不安定材は×」と赤スプレーでマーキングを施します（写真2－5）。何十回と往復する可能性がある災害現場では、活動の安全性、安定性が向上し、活動時間の短縮もでき、通行路の安定材、不安定材が明確になることから、後から到着した隊員でも安全が確保できます。活動の安全管理は足元からです。

写真2－4

震災時の倒壊建物がある災害現場では、想像もできないような危険因子が存在する可能性があります。一定の通行路を決めることは、多くの危険因子から自分たちを守ることにつながります。

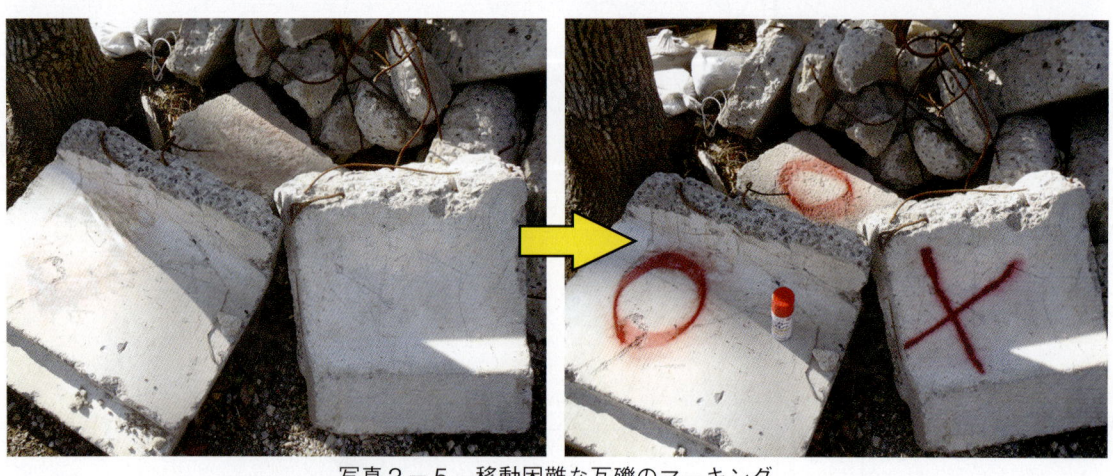

写真2－5　移動困難な瓦礫のマーキング

❸ 突起物などの確認

　建物が倒壊した現場では、木造、防火造、耐火造などの構造にかかわらず、多くの突起物が存在します。写真2-6のような、鉄筋などの突起物は致命的な危険因子です。足場が不安定ながれ場では、転倒する可能性が高く、転倒した際に顔面などに突起物が刺さるなど、深刻なけがをする可能性も考えられます。突起物には布を結び付けたり、空き缶やペットボトルをかぶせるなどの措置をしておく必要があります。特に前段で述べた通行路では確実に安全を確保しておくことが重要です。

　震災時の活動は長時間になるため、足場のマーキングや突起物などの危険因子に対し措置をしておくことで、その後の活動に大きな影響を与えます。

写真2-6　突起物への措置

❹ 空気環境危険

　空気環境はとても大切です。少しの環境変化でも、長時間の活動をすると体に悪影響を及ぼします。重要な点は、臭いと自覚症状です。一般的にガスには付臭剤が加えられて、臭いにより発見しやすいようになっています。ガス検知器がない場合でも、まずは自らの嗅覚を使い、臭いを感じたら換気を行うなどの処置をしましょう。嗅覚についての注意点は、ガスの種類によって嗅覚疲労を起こし、臭いが感じにくくなることです。嗅覚疲労による危険を回避するため、一次的に現場から離れた隊員に臭いの感じ方を確認するなどの対応が重要です。次に重要なことは自覚症状です。軽い酸欠環境でも時間の経過とともにめまいや頭痛、嘔気などの症状が出現します。軽い症状があった時点で「頑張る」ではなく、「報告→換気→危険回避」という具合に安全管理を確実に行う必要があります。

　初期活動において、活動現場の状況評価を実施し、様々な情報収集とともに確実な状況評価に基づく安全管理を実施します。その上で特定の場所に的を絞った活動に入ります。このような場所で活動を開始する際には、指揮進入活動（「第3章　指揮進入活動」参照）という枠組みの中でさらに詳細な状況評価と危険判断、そして、安全管理が行われます。

3 活動スペースの確保と安定化

❶ 重量物の移動（リフティング・ムービング）

　人の力では移動が困難なコンクリートの塊などの重量物は、特大のバールなどの長尺の金物を使って「持ち上げ（リフティング）」や「移動（ムービング）」を行います。具体的には木材などを支点として活用し、てこの原理で「持ち上げ」を行います。

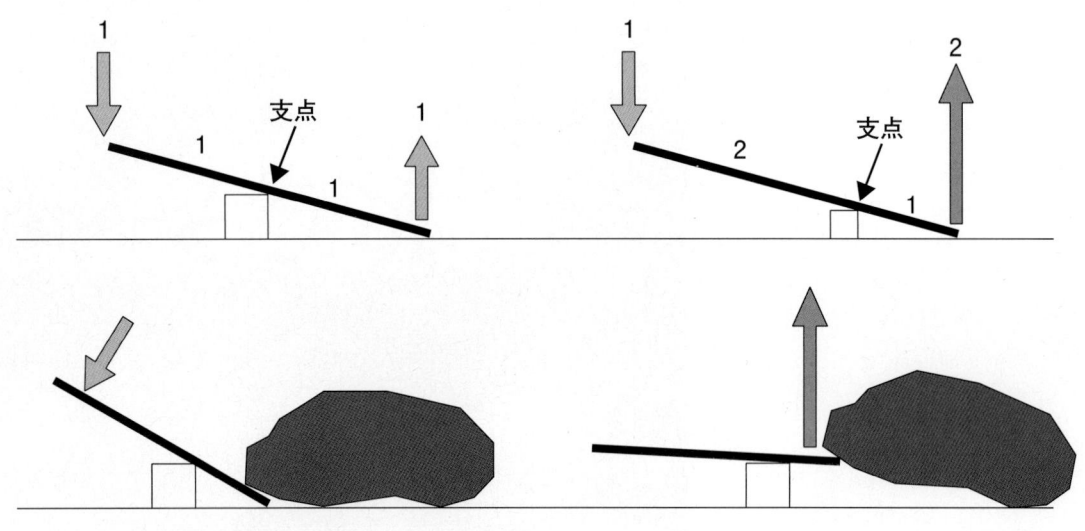

図2－5

　木材などの支点を使わずにバールなどで「持ち上げ」や「移動」をする方法もありますが、抵抗が大きく、持ち上げる重量もあまり大きなものは困難です。移動についても長距離の移動は困難です。小さい移動や持ち上げの際に行います。

《重要》

　「持ち上げ」を行う場合、重量物の重心がおおよそどこにあるのか？　さらに、持ち上げた際に崩れたり、滑って移動しないか？　をよく観察しなければなりません。てこの原理を活用することで想像を超えた重量物を人力で扱えるようになります。しかし、重量物は重心が傾き、滑り始めると人力で制御することはできません。

　さらに、複数の隊員で持ち上げ作業を行う場合は、重量物の重心が移動し、急激に一人の隊員が保持する部分に荷重が増加する場合があります。バールの跳ね上がりや重量物の落下などに十分注意しましょう。

　重量物の一部を持ち上げることができれば、その下部に角材（当て木）を計画的に挿入し、安定化（クリビング）させることができます。

　複数の隊員を配置し、重量物全体を持ち上げることもできます。重量物全体を持ち上げ、地面から離脱させることができれば、抵抗や引っ掛かりがなくなり、バールをこねるようにして重量物を移動することもできます。

「持ち上げ」作業は、基本的には通常の救助作業と同じです。ここでは器具がないような震災時を想定し、バールによる人力の「持ち上げ」を紹介しました。器具による「持ち上げ」や当て木の挿入は通常の救助作業と同じです。しかし、注意しなければならないことは、複雑な形をした重量物を扱う場合は重心をよく見極め、安定化することです。

❷ 重量物の安定化（クリビング）

倒壊建物や倒壊しそうな建物では、当て木による安定化が必要な箇所が多数存在します。大規模な安定化はショアリングで行いますが、部分的又は小規模な安定化は当て木を効率的に活用します。欧米で当て木を「クリブ」と呼ぶことから、クリブを使用して安定化を図ることをクリビングといいます。クリブを使用する場合、単体で使う場合には安定する部分に挿入することでよいのですが、クリブを重ねて使用する場合には、危険が伴うため、技術が必要となります。

安定化した重量物の下部へ隊員が進入する場合には、重量物の重量とクリブの強度を鑑みて、安全性を判断しなければなりません。

(1) クリビングに使用する木材

・クリブ
　長さ：45cm、60cm、120cm、2×4材の2枚重ね木ねじ止め、4×4、3寸角材など
・シム
　万が一の落下に備え、隙間に少しずつ入れていく木材、一般的に60cmの材で両側15cmを残し、中30cmを対角線上に切断する。
・くさび（ウェッジ）

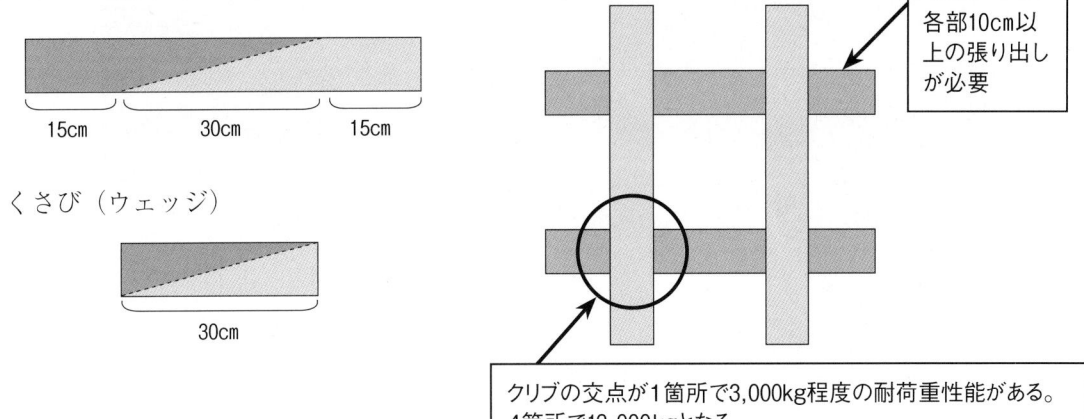

図2－6　クリビングに使用する木材

(2) クリビングの基本

高さのあるクリビングは基本的にクリブを井形に組んでいきます。縦方向の安定度は非常に高いのですが横方向の力に弱いです。重量物の重さにより、材がかみ合い安定しますが、余震などで大きな横揺れが発生した場合には倒壊危険があります。高さが増すほどに安定度が減少しますので、必要最小限（クリブの長さと同程度）の「持ち上げ（リフティング）」にする必要があります。

4　倒壊危険建物のショアリング

　震災時には、座屈した耐火建物や倒壊した木造家屋などに多数の要救助者が発生することが予想されます。こうした現場における救出・救助活動では、建物倒壊危険や重量物の落下危険など、多くの危険が存在しています。それらの危険因子を確実に把握し、隊員及び要救助者の「安全」を最優先に確立しなければなりません。しかし、100％の安全の確立は困難であり、さらには震災時特有の危険因子を理解していなければ危険因子を発見することも困難です。

　この倒壊建物対応は、建物の応急処置的補強技術や木材を活用した重量物安定化技術などがあります。これらの技術を最適に選定するには、建物の構造などについて理解しておくことが重要です。

　ここで安全性を適切に判断し、早期に対応できる現場を判断するため、倒壊建物対応、つまり、ショアリング（建物の応急処置的補強）について説明します。ショアリングの重要性について学ぶと、倒壊の危険がある建物の全てにショアリングが必要だと思ってしまう場合があります。この理解は50点です。震災現場ではマンパワーが不足し、ショアリングのための資器材も不足する可能性があるので全ての建物にショアリングを実施していたら、救助活動が遅れるどころか開始不能になってしまいます。倒壊建物の危険性を学び理解するのと同時に安全性についても理解することが必要です。

写真2−7

❶ ショアリング(建物の応急処置的補強)を知る

⑴ ショアリングとは

「地震などの災害により、ダメージを受けている建物が二次的に崩壊するのを抑制するために建物の構造を補強すること。」

地震などの災害時に建物が崩壊、若しくは不安定な状態になっている場合、余震の影響や自重などでさらなる崩壊が起こる可能性が常にあります。つまり、内部に取り残されている要救助者や建物内部に進入して救助活動を行う隊員は二次災害の危険にさらされています。このような環境下において、有効な進入・退避経路の確保、二次災害の危険を未然に防止するために、被災した建物の内部や外部、さらに出入り口のドアや窓などの開口部に木材や金属の支柱などを設定して、強固に安定させることをショアリング（Shoring：支柱）といいます。

⑵ ショアリングの種類

ショアリングは、建物などの被害の受け方により、応急処置的補強をする方向が異なり、横方向のショアリングと縦方向のショアリングに大別されます。さらに表２－２、表２－３のような種類があります。

表２－２　横方向のショアリングの種類

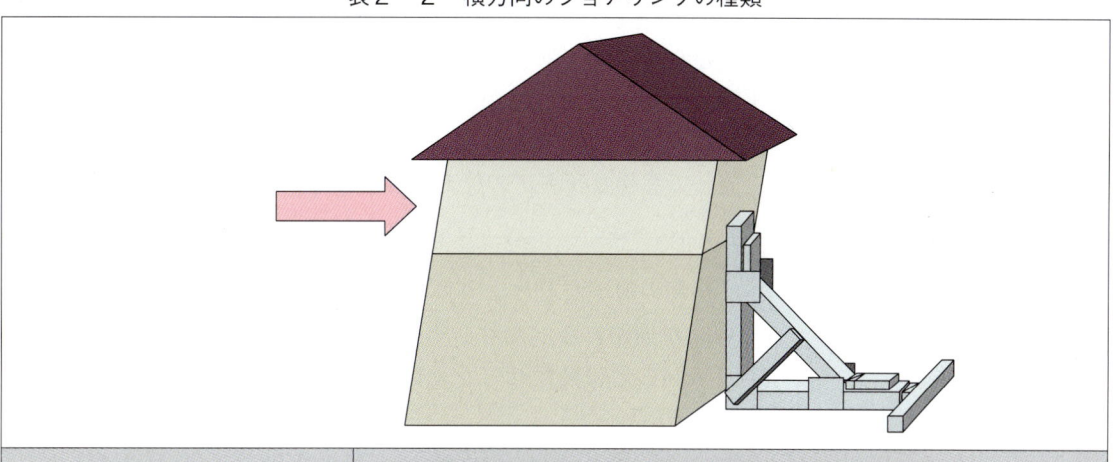

種　類	概　要
レイカー・ショア	建物の外壁が外方向へ倒れようとしていたり、建物全体が傾いて崩壊などしようとしている場合には、外部側面からショアリングを施して建物の外壁部分を支えます。
ホリゾンタル・ショア	建物の外壁が外方向に倒れようとしていたり、建物全体が傾いて崩壊などしようとしている場合に、隣家などの強い側壁にショアリングを施して建物の外壁部分を支えます。溝などにも使用できます。

表2−3　縦方向のショアリングの種類

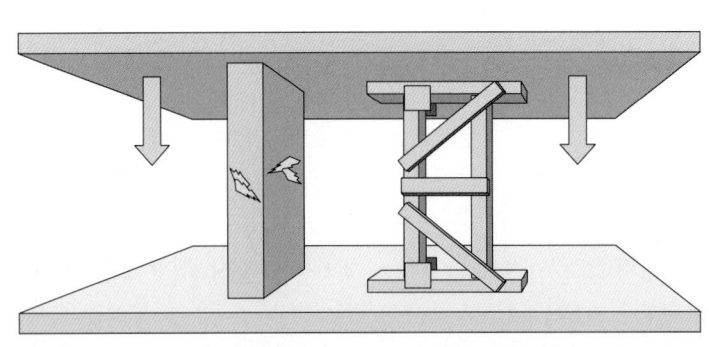

種　類	概　要
スポット（ポスト）・ショア	建物の天井部分に上階や屋根などの荷重が掛かり、崩壊が発生しそうな場合に、建物内部の天井などにショアリングを施して、建物の天井部分を支えます。
ウィンドウ・ショア／ドア・ショア	建物に設けてある窓又はドアなど、建物内部への進入・退出路となり得る開口部が倒壊などによる影響で負荷が掛かり、潰れたり閉ざされたりしないように、開口部位にショアリングを施して窓枠及びドアの枠を補強します。
スロープド・フロア・ショア	建物の崩壊などにより偶発的にできたVoid（空洞）で、そのVoidが通路になったり、その下に要救助者がいる場合には、そのVoidの形に合わせてショアリングを施してVoidの倒壊を防止します。

KENGO君

K：震災では、建物の倒壊危険が怖いんですね。
S：そのとおりだ。建物は巨大な重量物だ。倒れてきたらひとたまりもないぞ。まずは、様々な方法で倒壊の徴候を読み取ることが重要だ。安易に「見た目」で判断してはダメだぞ。
K：ほかにもいろいろと活動環境の安全を確保しないといけないんですよね。
S：そうだ。隊員が受傷したら、その後の長時間活動に大きな影響が出る。つい省略してしまいそうな小さな安全管理も確実に実施することが重要だ。

マメ知識　CSCATTT

　突然に発生する災害に対して体系的な対応が必要です。災害の規模や種類にかかわらず、「あらゆる危険因子」を想定した体系的な対応が有用であるといわれています。この体系的な対応の優先順位は**CSCATTT**として記憶すると有用です。

災害に対する現場対応の原則と優先順位

　　　C：**C**ommand & Control　　　指揮・命令と連絡・調整
　　　S：**S**afety　　　　　　　　　　安　全
　　　C：**C**ommunication　　　　　　情報伝達
　　　A：**A**ssessment　　　　　　　　評　価
　　　T：**T**riage　　　　　　　　　　トリアージ
　　　T：**T**reatment　　　　　　　　治　療
　　　T：**T**ransport　　　　　　　　搬　送

　このCSCATTTという判断方法は近年、消防でも使うようになっていますが、災害医療における危機管理手法ですので、救助的トリアージと救助自体の内容が入っていません。消防対応の項目を入れてみましょう。

災害に対する現場対応の原則と優先順位

C：**C**ommand & Control　　　指揮・命令系統の確立（他隊との連携）
S：**S**afety　　　　　　　　　　安　全（危険因子の排除）
C：**C**ommunication　　　　　　情報伝達手段の確認（他隊及び医療の状況）
A：**A**ssessment　　　　　　　　評　価（初期活動）
T：**T**riage　　　　　　　　　　トリアージ（救助的トリアージ、医学的トリアージ）
T：**T**reatment　　　　　　　　治　療（救急活動及び救出活動）
T：**T**ransport　　　　　　　　搬　送

☆**安全の1－2－3**
　CSCATTTの2番目に当たるのが安全のSです。現場で活動するにはそれにふさわしい知識と装備が不可欠であり、PPEを装備していない者は現場へ立ち入ってはいけません。自分及び隊員の安全を第一に確保する必要があるからです。

1　自分　　（Self）
2　現場　　（Scene）
3　生存者　（Survivor）

第3章 指揮進入活動

1 指揮進入活動とは

　指揮進入活動とは、進入という行動を中心に救助活動全体を統制することです。現場に向かうところから到着するまで、そして倒壊建物対応などの早い段階で行う状況評価と危険判断、そして安全管理というように、現場を認知してから進入するまでが特に重要となります。

　進入前の現場確認及び捜索、活動スペースの確保、環境観察、進入管理、救出計画などを効率よく統制して実施することで隊員の安全度も増し、救命率向上も期待することができるからです。

　ここで大切なのは、「指揮活動」と「進入活動」を別々に考えるのではなく、両方を同時に実施することで効率的な活動ができるようになるということです。

　では、「進入という行動を中心に……」という表現を分かりやすく例を挙げてみましょう。

- どこに進入するのか？（現場確認、捜索）
- 進入できるのか？（環境観察、危険度判定）
- 進入するための準備は？（活動スペースの確保、資器材の準備、ショアリングなど）
- 進入するための装備は何か？（PPEと資器材の確認）
- 進入したら、何をするのか？（救出計画など）

　このように、CSRMは狭隘空間に進入しなければならないという前提条件があるので、進入という行動を中心に活動を組み立てていくということになるのです。

❶ どこに進入するのか？（現場確認と捜索）

　救助活動現場が多数ある場合には、まず初めに「要救助者の生存の可能性」や「倒壊建物の危険度」などから総合的に判断して、優先順位を付け、活動する場所を決定しなければいけません。こうした現場は要救助者の存在が曖昧な場合が多いので捜索をする必要があります。

《捜索》
- 関係者からの情報収集（捜索の第一歩）
- 人的基本捜索（写真3-1）
- 高度救助資器材の活用
- 救助犬などの応援部隊による捜索

写真3-1　人的基本捜索

> ～医学的トリアージと救助的トリアージ～
> 　　　捜索後の救出に関わる優先順位とは？
> 　見通せる程度の範囲に、複数の現場が存在し、自隊のみで対応する場合は、優先順位を付けて活動を開始しなければなりません。「見通せる程度の範囲」とは関係者にとっても「見通せる場所」なのです。当然、「自分の家族を先に助けてほしい。」と声を掛けられるはずです。
> 　その時にしっかりとした優先順位の付け方を事前に決めておくと活動を迅速に開始することができます。
> 　さらには「違う選択があったのでは？」と災害後に消防士が悩んで惨事ストレスに苦しむ可能性を減らせるかもしれません。
> 　要救助者と接触できない状態では、一般的な医学的トリアージを行うことは困難です。そのような場合、救助的トリアージを行う必要があると思われます。救助的トリアージとは、要救助者と接触できないことを前提としたトリアージで、救助活動を行う上で「生命兆候がある」「自隊で対応が可能」「救出予定時間が早い」「救出時の安全度が高い」などにより優先順位を決めることです。現場では隊長などの指揮者による判断で優先順位を付けていますが、震災現場などでは隊長の判断可能範囲を超えている場合が多いようです。事前に判断要素を選別し、明確にしておくことで活動が円滑になります。関係者に対しても「大規模災害で現場が複数存在します。事前に決められた判断基準の下で優先順位を決めて活動しています。」と言えるのではないでしょうか。感情と切り離した判断基準が必要です。

❷ 進入できるのか？（環境観察・危険度判定）

　活動する場所が決まったら、次は進入できるかの判断、環境観察や危険度の判定を行います。

　環境観察は通常の災害と同じです。ガス漏れなどの可燃性ガスの確認（写真3－2）、酸欠状況、電気の切断状況などです。通常の災害と異なるのは地震による建物の倒壊という部分で、ガス漏れなどの可能性が非常に高いということです。さらに、ガスの供給が遮断されたとしても、発災時に漏れたガスが内部で滞留している可能性が十分に考えられます。

写真3－2　五感を活用した環境観察

　資器材がない場合には、五感をフルに活用して、環境を観察します。ただし、五感を活用しての観察は危険を伴うことも十分に理解しておく必要があります（P.17「空気環境危険」参照）。環境観察は、活動中常時継続します。

　危険度判定は活動現場の建物を具体的に目測し、余震による二次倒壊の可能性がないか判断します（P.13「倒壊危険建物の危険度確認」参照）。ショアリングなどの安定化処置が必要であるかも判断します。

マメ知識　捜索活動の例　「人的基本捜索」

捜索活動は、一般的に次の2種類に分類されます。
・技術的な捜索：特別な捜索資器材や捜索災害救助犬などを動員しての捜索活動
・人的捜索：資器材などを使わず、隊員の声掛けと耳による聞き取りで行う捜索活動

技術的な捜索では、それぞれの機器の特性及び性能に応じた捜索活動を行うことで捜索能力を発揮することができます。人的基本捜索とは、人間の能力を使った人的捜索を一定の範囲で計画的に行うことです。技術的な捜索と同様に人間の能力や特性に応じた捜索活動を行う必要があります。

簡単に人的基本捜索をステップで説明します。
　　ステップ1　捜索範囲の決定
　　ステップ2　呼び掛けの実施
　　ステップ3　サイレントタイムによる反応の確認
　　ステップ4　反応場所の特定

ステップ1の捜索範囲の決定とは、捜索範囲を地図にして、グリッド線を書き込みます（図3-1）。グリッド線を入れ分割された空間で「どこを優先的に捜索するのか」について、住民からの情報や建物倒壊状況などの情報から決定します。さらに、グリッド線を入れることで捜索を実施した場所とまだ実施していない場所を明確にすることができます。

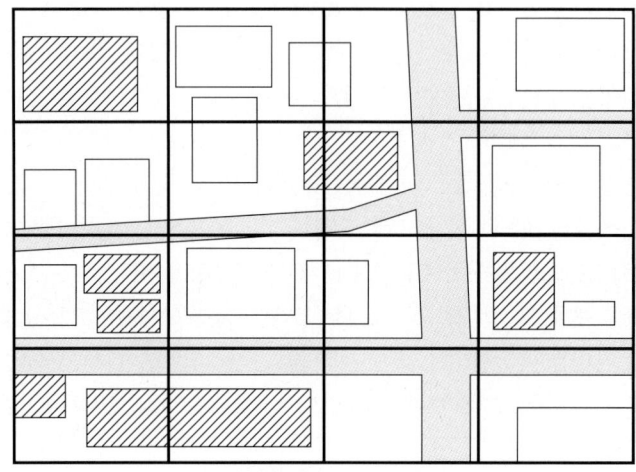

斜線は倒壊又は半壊建物
図3-1　グリッド線の入った地図

捜索場所の決定が困難で判断に時間を要す場合には数値的判断（数値的優先順位割り出し法）を行い、検索順位をグリッド線のます目上に決定します。

《具体的な方法》
1　計画を担当する複数人（2～3名程度）で1名の持ち点を100点とします。
2　建物状況、人間の行動パターン、要救助者情報や目撃情報などから要救助者の可能性を判断し、持ち点の100点を「ます目」に配分します。
3　1ますの合計点数が高い場所を要救助者の可能性が高い場所として、捜索優先順位を決定します。

会議や検討を実施しても、優先順位が決定困難な場合に迅速に優先順位を決定する方法で、原則、この決定には全員が従い、速やかに捜索活動を行います。新しい情報が入った場合には同様の数値的判断を行い、優先順位を変更することも必要です。

ステップ2の呼び掛けの実施とは、消防隊の肉声や警笛、地面をたたいて金属音を出すなどを行い、瓦礫の下にいる要救助者に救助隊が近くに存在することを伝えます。瓦礫の下にいて、意識状態が悪くなっているかもしれない要救助者への呼び掛けですので大きな声や音で呼び掛ける必要があります。効率的に捜索活動を行うため、隊員は横一列で3～5m程度の間隔で並びます。全員が同じ方向にゆっくりと進みながら、捜索漏れの空間がないように呼び掛けを実施します。Voidを発見したら念入りに呼び掛けを行うことが大事です。

写真3-3　サイレントタイムの実施

　ステップ3の反応の確認はサイレントタイムを活用し、人間の聴力で要救助者の声を聞くという方法です。呼び掛けを行い、3m程度進むごとに反応の確認を行います（写真3-3）。

　捜索活動は、災害の初期段階で実施される「表面的に発見されている要救助者」の救助活動が実施され、表面的には発見できない要救助者の捜索に消防力を配分できるようになってからの活動です。つまり、災害発生から時間が経過している可能性があります。要救助者も体力を消耗し、救助隊の呼び掛けに応える声も「聞こえるか聞こえないかのかすかな声」になっている可能性があります。ここでとても重要なことが「サイレントタイム」です。サイレントタイムは「静かにする。」程度の考えではなく、「完全なる静けさを作る。」ことを目的としています。隣の現場で声を出していては「完全なる静けさ」は作れません。少し離れたところを車が走るだけでも「完全なる静けさ」は作れません。計画的にある程度広い範囲に「サイレントタイム」の規制をしなければなりません。開始と終了の合図を明確に実施します。

　声や反応がない場合には呼び掛けとサイレントタイムを繰り返して実施し、前進します。

　ステップ4の反応場所の特定とは、声や反応を認知した場合に行う活動です。声や反応が聞こえた隊員はその場で停止し、聞こえた方向を指さします。他の隊員は前進します。別の隊員も聞こえた時点で聞こえた方向を指さします。3名以上の隊員が停止した時、各隊員の指さした方向の接点周辺が反応地点となります。反応地点に対して、円を小さくしていくように呼び掛けと反応の確認を繰り返し、反応地点を特定します（図3-2）。

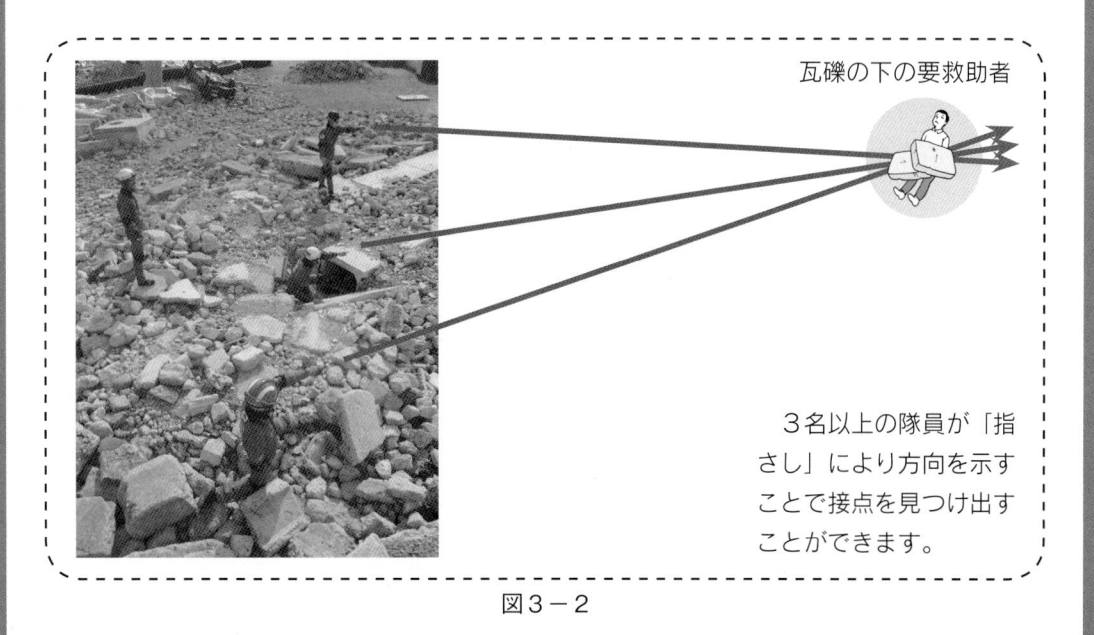

瓦礫の下の要救助者

3名以上の隊員が「指さし」により方向を示すことで接点を見つけ出すことができます。

図3-2

❸ 進入するための準備は？（活動スペースの確保、資器材の準備）

　活動拠点となる活動スペースを確保することが重要です。
　資器材の集結や隊員の休憩、そして、情報進入管理板を活用して、現場を統制する場所として活用します。余震発生時の一時退避場所としても活用できるように、二次災害の危険性ができるだけ低い場所を選定します（写真3－4）。

写真3－4　活動スペースの確保

　ここまでが、現場を認知して進入するための前段階です。
　進入までの基本的な流れは整理できたでしょうか。震災時の活動現場は基本的に全てが不安定で危険度の高い現場であると思ってください。救助活動を始めた後に活動拠点を変更するのでは後手に回る可能性が高いので、進入するまでの確認や段取りが重要となります。
　指揮進入活動では状況により、安定材と不安定材の確認及び不安定材の除去、火災の接近危険判断、水道水や消火水による水没危険の判断などの様々な確認をしなければならない項目があります。早く進入しなくてはならないと焦ってしまい、確認項目を省略するのは危険ですので、状況を確実に観察し、危険を慎重に判断して、活動を進める必要があります。
　確認項目が「そんなにたくさん！」と思うかもしれませんが、隊全体や要救助者の安全を考慮して、焦らずに、まずは基本的なところをしっかりと確認しましょう。

2 進入管理

❶ 進入管理

　進入を開始する場合は進入管理者を設定し、PPEと進入退出時間を確認します。進入時、PPEが確実に用意できていない場合には進入させてはいけません。進入管理者は同時に様々な情報についても管理します。

　なお、進入管理者については、「③　進入活動」で詳しく説明しますので、ここでは情報進入管理板の活用についてまとめてみましょう。

　情報進入管理板を利用して、活動する隊員全員が情報を共有することが大切です。進入管理者は、内部の情報を誰が見ても分かるように分かりやすく管理板に記入して、次の活動に活用できるようにすることがポイントとなります。

《情報進入管理板活用のポイント》
- 活動が長時間になることから隊員の活動時間を把握する。
- 万が一、倒壊などの二次災害が発生したときのために進入隊員を確実に把握する。
- 内部情報などを記入することで他機関との連携がスムーズになる。
- 内部の状況を直接見てきた隊員にも記入させる。
- 後から進入する隊員の不安軽減や待機隊員が救出計画を立てられるように、内部の状況、危険などを分かりやすく図面として記載する。
- 環境観察結果を記入する。

写真3－5　専任者による情報及び入退出の管理

❷ 隊員の活動時間について

　隊員の活動時間を管理する際に、活動が長時間に及ぶことを前提にした上で隊員それぞれに時間配分をしなければなりません。

　一人に限界まで活動させた場合、その後、何時間も活動ができない状態になってしまうかもしれません。一人が活動不能になることで隊全体に影響を及ぼします（写真3－6）。

写真3－6

長距離を何日間かかけて数人で、交代しながら走り続けるということを思い浮かべてみましょう。

ここでは先が長いので、各自体力が消耗する前に早めに交代していく必要があります。だからといって長距離を走っても大丈夫な人を普通の能力の人と同じように扱って、短い距離を走らせただけで交代させてしまうのも、効率的ではありません。

これを活動におきかえてみると、疲労度は内部で活動している内容によっても、変わります。図3－3を見てください。例えば、要救助者に取り付いてバイタルサインの測定をメインで実施する隊員は体力の消耗が少ないと考えられるので、多少長い時間進入していても問題ないかもしれません。

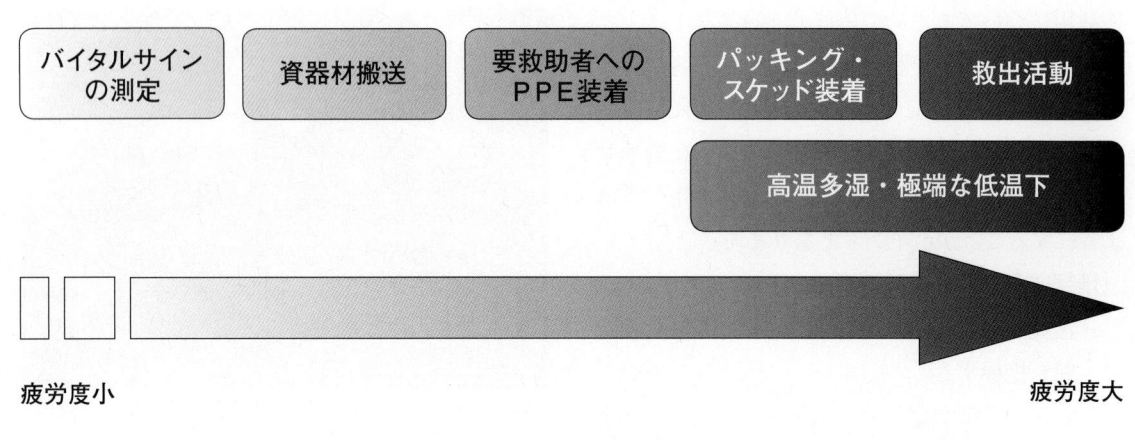

| バイタルサインの測定 | 資器材搬送 | 要救助者へのPPE装着 | パッキング・スケッド装着 | 救出活動 |

高温多湿・極端な低温下

疲労度小　→　疲労度大

図3－3　各活動の疲労度

重要なのは、同じ隊員が交代で繰り返し活動しなければならないということですから、隊員本人が、「まだやれる」と言ったとしても、短い休憩で元の体力に戻る程度の疲労で交代させなければならないということです。

隊員の活動時間、交代のタイミングを判断するためには、隊員個人の能力、活動内容を隊員同士でしっかり把握しておく必要があります。

KENGO君

（瓦礫下の訓練から脱出）
K：脱出！
S：狭隘空間の中での活動はどうだった？
K：もう少しできる………と思うんですが、なかなか目標まで作業が進まず、時間ばかりが………

S：おっ、そんなに落ち込むことはないぞ。狭隘空間の中の活動はそんなもんだ。重要なのは、そのこと、つまり開放空間と狭隘空間では作業スピードも疲労度も違うということを理解することなんだ。
K：僕がいまいちだったわけではないんですね。
S：いや、いまいちだ。
K：………

氏　名	①入／出	②	③	④	⑤	⑥
八櫛	9：10 　　9：30	9：56				
中村	9：10 　　9：32	9：56				
熊澤	9：25 　　9：52					
平根	9：25 　　9：54					

要救助者の可能性

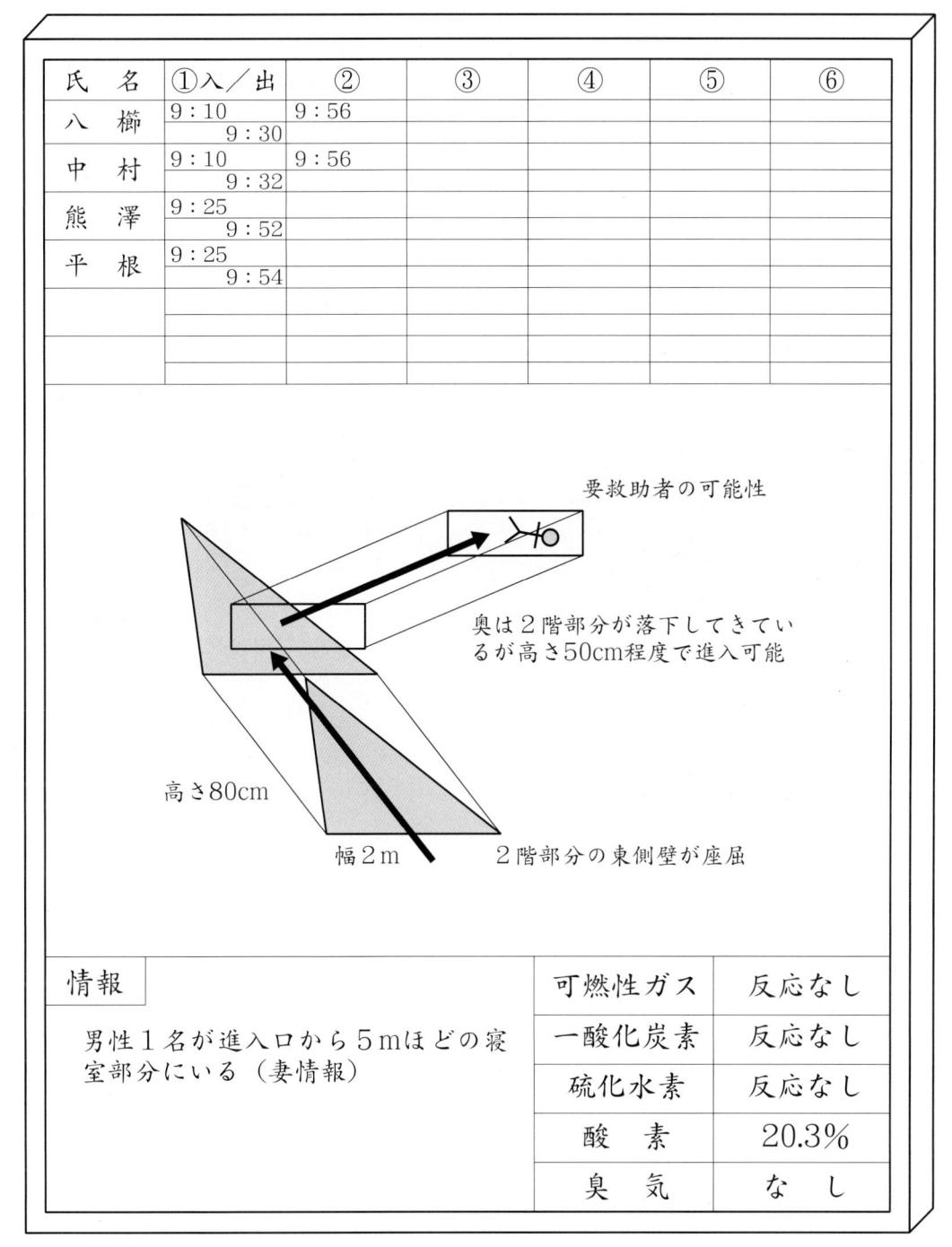

奥は２階部分が落下してきているが高さ50cm程度で進入可能

高さ80cm

幅２m　　２階部分の東側壁が座屈

情報		
男性１名が進入口から５mほどの寝室部分にいる（妻情報）	可燃性ガス	反応なし
	一酸化炭素	反応なし
	硫化水素	反応なし
	酸　素	20.3%
	臭　気	な　し

＜情報進入管理板に必要な項目＞
1)隊員の進入退出時刻を記録、2)要救助者の状態、バイタルサイン、
3)時系列、4)現場情報（内部状況などの図面）の記録、
5)環境観察結果の記録

図３−４　情報進入管理板の例

3 進入活動

　進入する前に、進入管理者は進入隊員のPPE、体調、任務、携行資器材などを確認します。そして、円滑な活動のために、隊長、進入管理者、進入隊員全員でもう一度、その時に収集されている情報（内部の状況、要救助者の位置など）を確認しましょう。

　退出のタイミングを確認するのも重要です。活動内容や気温などの環境条件、体調、任務などを考慮し、活動時間を決めます。

　また、緊急脱出の場所と合図の確認も忘れずに行いましょう。これは進入管理者だけではなく、現場で活動する隊員全員が確認しなければいけません。進入管理に専任の隊員を設定する人員的な余裕がない場合には隊長が実施することにもなるでしょう。

隊長

進入隊員2名

進入管理者
（進入に関する情報と、現場や要救助者に関する情報の両方を情報進入管理板に記入します。）

写真3−7

　進入活動は常に危険度判定が必要です。自分の活動するスペースに危険がないかを詳細に確認しながら進入します。初期の段階では、内部の状況を逐次外部に報告します。危険が確認された場合にも直ちに報告します。これらの情報を基に外部の待機隊員は救出計画を組み立てます。

《進入活動初期におけるポイント》
- 収集した情報の外部への伝達（内部の状況及び危険、要救助者の位置及び状況）
- 要救助者の観察と保温保護（「保温保護」については第4章で詳しく説明します。）
- 誘導ロープの設定
- 一時待避所の確認
- 多数の情報を精査し、活動方針の決定・資器材の選定を行う。
- 要救助者の存在が明らかであれば、最初の進入隊員は最低限の資器材（要救助者用のPPE、シート、誘導ロープなど）を携行する。狭隘空間の活動は全てにおいて時間がかかるため、すぐに資器材を取りに戻れないからである。

　進入隊員の人数ですが、基本的には2名程度で、必要最小限とします。多数の隊員を進入させた場

合、緊急脱出の際にスムーズな脱出ができなくなるおそれがあるからです。深く進入すると、迅速な脱出はできなくなる可能性がありますので、内部で一時待避所（倒壊危険の低い場所）を判断し、設定しておく必要もあります。万が一、二次倒壊に隊員が巻き込まれた場合を想定し、外部には必ず隊員を残しておく必要があります。

写真3−8　隊長が進入管理者を兼務している状況

《進入活動中期におけるポイント》
・活動中も環境のモニタリングを行い、必要なら換気を実施する。
・必要なら瓦礫の外で内部の状況に即したシミュレーションを行う。
・医療関係者の進入には「救助隊が確保する安全」以上の「安全」を確保する必要があり、狭隘空間に進入した医療関係者が活動障害になる可能性もある。

　進入活動のまとめとしては、進入隊員が内部の安全な場所と危険な場所の判別を行います。

　進入距離が長く、遮蔽されている状況であればなかなか進入隊員の声は聞き取れません。無線などの連絡手段が確保できない場合には、中間地点などに伝令要員を配置する必要があります。

　内部状況の図面は、進入隊員との声のやり取りだけで作成するのではなく、カメラ・ビデオなどを活用し、内部状況をできる限り詳細に把握することも考慮しなければいけません。また、進入隊員を一時退出させ、その隊員の情報を基に図面を作成し、救出方法・資器材の選択などを検討し、活動方針を決めることも一つの方法です。

指揮進入活動フローチャート

1　現場確認と捜索
- 関係者からの情報収集　「捜索」の第一歩！
- 人的基本捜索　・高度救助資器材
- 捜索災害救助犬

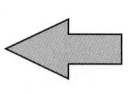

← 多数ある現場から「**要救助者の生存率**」と「**倒壊建物の安定度**」から優先順位を付け、どの現場で活動するかを決定する。

↓

2　活動スペースの確保
- 余震発生時に一時待避場所として活用できるよう、二次災害の危険性ができるだけ少ない場所を選ぶ。
- 資器材の準備

↓

3　環境観察・危険度判定
- ガス検知器を用いた環境測定　・電気は遮断されているか
- 建物は安定しているか　・二次倒壊のおそれはないか

↓

4　進入管理
- 進入管理者の設定
- 情報進入管理板を用いた情報の整理

↓

5　進入
　☆進入前の確認事項☆
- ＰＰＥは装着されているか
- 進入隊員の人数、体調は良いか　← 進入管理者がしっかりと確認！
- 誘導ロープの設定

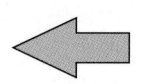

↓

《進入活動初期のポイント》
- 内部の状況、要救助者の位置、状態などの情報を外部へ伝達
- 一時待避場所の確認
- 要救助者の観察と保温保護

《進入活動中期以降のポイント》
- 活動中も環境測定を経時的に行う。
- 必要ならば瓦礫の外で内部の状況に即したシミュレーションを行う（医療行為や救出方法）。
- 医療関係者の進入が必要かを判断。必要なら要請。

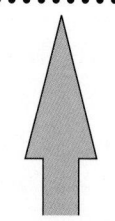

隊員の時間管理
体力の消耗度合を考慮した隊員の交代

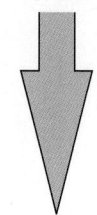

マメ知識　捜索災害救助犬の活動要領

　救助犬とは、「捜索災害救助犬」の略で、自然災害により倒壊した建物や土砂で、また山林などで行方不明になった人を、優れた感覚、特に嗅覚で大気中に浮遊する臭いの粒子から人間の臭いを感知することにより、人命検索ができるよう訓練された犬のことです。

1　捜索開始

　捜索災害救助犬が捜索を開始する際には、救助犬にとっての危険因子（散乱したガラスや釘などの突起物や危険物の存在、ガス漏れの状況など）をハンドラーが的確に把握しておく必要があります。

2　捜索中

　救助犬が少し遠くを見るような形で周辺を見回します。これは見ているだけではなく、浮遊している人間の臭いを探し、その距離や方向などを探っているのです。

　ボーッとしているわけではないので声を掛けたりしてはいけません。気が散って、別の行動に移ってしまいます。救助隊の方は、救助犬が捜索している最中に呼び掛けたりしてはいけません。

　ハンドラーと救助犬が捜索に集中できるように、救助隊はハンドラーとお互いの活動について協議をし、連携して活動することが望まれます。

写真3－9

　救助犬の捜索を妨げてしまう例として、近寄って来た救助犬をなでてしまうことが挙げられます。声を掛けられるのと同様に気が散ってしまいます。捜索中には近くに寄って来ても無視する必要があります。こういった環境が救助犬の能力を最大限に発揮させます。

　このようなことから、同じ現場で救助隊と救助犬が同時に作業するのはお互いの集中力を邪魔することもあると思いますので、時間や場所単位で分けて作業することが望まれます。

☆捜索災害救助犬と連携する際のチェック項目

1　同時捜索は困難なことから、時間的な捜索計画をハンドラーと協議する。
2　活動場所の危険因子をよく調べ、ハンドラーに伝え、救助犬を外傷から守る。
3　救助犬が現場で活動する際、捜索前及び捜索中にはなでたり、声を掛けたりしない。
4　救助犬の捜索中は大きな音を立てない。
5　救助犬が捜索中に寄って来たとしても無視をする。
6　救助犬の捜索結果は完全なものではないので、救助犬の捜索結果とその他の情報の総合的判断で活動を決定する。

第4章 狭隘空間活動

1 狭隘空間活動とは

狭隘空間とは、「身動きが取れないくらい狭い空間」のことです。英語ではConfined Space（以下「CS」という。）といいます（写真4-1）。

具体的には、震災時などで倒壊した建物の内部にできるVoidのことです。要救助者の生存が期待できる場所で、過去の震災でも多くの人が、このVoidから救出されています。これらCS（Void）での救助活動のことをCSRといいます。

写真4-1　身動きが取れないくらい狭い空間

❶ ライトの重要性

CSに進入するには、PPEを装備することが原則です。

でこライトは、できるだけ小型なものが活動しやすいです。多くが暗闇での活動になるため、電池切れや故障などで消灯してしまうと、救出活動はおろか脱出すら不可能になりますので予備のライトも必要となります。さらに、暗闇に取り残されている要救助者は恐怖感であふれています。要救助者に渡すライトも携行しましょう。要救助者は周囲を視認することにより緊張感が戻り、バイタルサインの安定につながる可能性があります。脱力から四肢の毛細血管に逃げていた血液が、四肢の筋肉などに緊張が戻り、体幹部や脳に戻ってくることが期待できます。

写真4-2　暗闇状態

要救助者に渡すライトは、瓦礫の隙間に落下したら拾うことは困難なため、落下防止措置（バンド・フックなど）が付いていて衣服などに付けられるものがよいでしょう。

　しかし、要救助者の周りが目を背けるような凄惨な状況の場合、逆にライトの明るさでその状況が目に入り惨事ストレスになるかもしれないので、シートで遮り周囲の状況を視界に入れないなど、要救助者が受ける心的外傷ストレスのことも考慮しなければなりません。

❷ CSRのポイント

　狭隘空間では、開放空間での救助活動とは、全く違った注意が必要となります。

(1) 体幹部に近いポケットは使用困難

　狭隘空間は、隊員が進入するだけでもギリギリの空間なので、体幹部に近いポケットは手を入れることができないこともあります。携行品はバッグに入れて、引きずるか、バッグを先行させ進入して行きます。また、警笛はヘルメットの後ろにぶら下げると便利です（写真4−3）。

(2) 多くが暗闇での活動になること

　でこライトがなければ、活動不能といっても過言ではありません。予備の小型ライトや要救助者用のライトも必要です（写真4−3）。

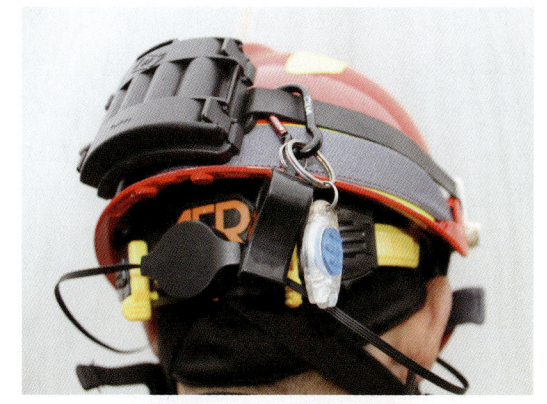

写真4−3　警笛の装備

(3) 真っすぐ進めないこと

　当たり前のようですが、重要です。進入不能と思われる場所も体をうまくねじりながら進むことにより、スムーズに通過できます。

(4) 命綱が命取りになりかねないこと

　緊急脱出の際、命綱をスムーズに引くことは困難です。写真4−4のように活動中に瓦礫が崩れ、命綱がからまる可能性があります。体への結着部分が、CSでは解除できない可能性もあります。

写真4−4　命綱が命取りに

(5) 要救助者の救出計画が必要なこと

　最大限の脊椎保護が前提になりますが、狭隘空間では全てができるわけではありません。救助者一人の進入がやっとという状況もあり、未固定で移動しなければならない場合もあります。また、スケッドストレッチャーに固定し、引きずり救助、スケッドストレッチャーから外して狭隘空間を通過、再度スケッドストレッチャーに固定……など臨機応変な対応が必要になる場合もあります。さらに要救助者の主訴や周囲の状況により脊椎損傷の疑いがないと判断した場合は、要救助者自身に動いてもらうことも考慮するなど、CSR独特の救出計画が必要となります。

　この他にも通常災害と違う注意点は多くあります。

❸ CSR—狭隘空間での救助活動

　CSRには、進入隊員が行う救急活動も含まれます。小人数しか進入できないCSでは、内部進入者が救助活動も救急活動も実施しなければなりません。

　交通事故で、車両内に脱出不能の人がいる場合を例に考えてみましょう。
　この場合、要救助者の立場で考えると、狭い空間で身動きがとれない状態は、正にCSでの脱出不能状態です。しかし、救助する側の立場で見ると広いスペースがあり、救急活動と救助活動は同時進行で行われているでしょう。
　しかし、地震などの建物倒壊現場では、救助する側にもスペースがありません。では、狭隘空間を広げることはできるでしょうか？……それは不可能といってよいでしょう。なぜなら、狭隘空間の周りには、瓦礫や土砂でスペースはなく、さらなる倒壊を引き起こすかもしれないからです。この場合は、使える資器材で、どれだけ効率的に救助活動を実施するかがポイントになります。
　CS内では要救助者を救出する際は、持ち上げて搬送することは困難です。ほとんどの状況では引きずることになるでしょう。
　そこで、スケッドストレッチャーでの救出は有効です。スケッドストレッチャーは、要救助者を小さく包むことが可能で、瓦礫などの障害の上でも引きずることができ狭隘空間からの救出に適しているからです。
　しかし、全脊柱固定などができる脊柱運動制限器具ではありません。脊柱運動制限能力のある器具との併用が望まれます。スケッドストレッチャーには、全身を包み込むロングタイプと、足を入れず臀部までを包み込むハーフタイプがあります。スケッドストレッチャーを使用する場合

写真4−5　スケッドストレッチャー

で、ロングでは通行不能でもハーフなら通行可能な状況もあるわけです。救出の際には、頭部側と足部側に救助者が取り付き、頭部側は引き綱を引きスケッドストレッチャーを引きずり、足部側は頭部側の引く動作に合わせながら押し進んでいくことは有効です。

ただ、これらの資器材がなくても防水シート、布担架のようなものでも効率的な活動ができます。

特に防水シートは、安価であり全国のどこの消防でも保有している資器材なので、緊急消防援助隊などでの活動でも統一的な資器材として活動することができるでしょう。

写真4－6　スケッドストレッチャーの活用

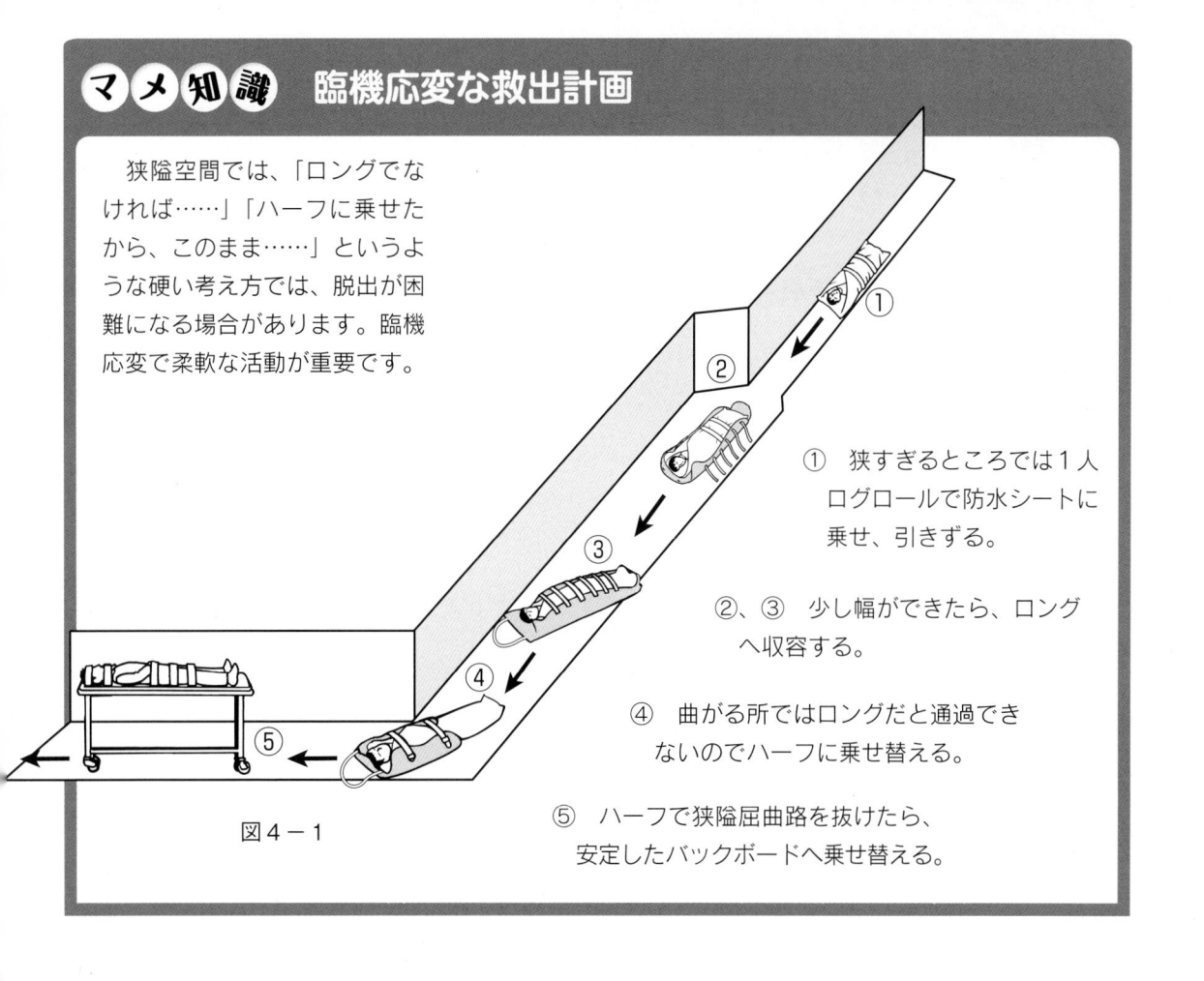

マメ知識　臨機応変な救出計画

狭隘空間では、「ロングでなければ……」「ハーフに乗せたから、このまま……」というような硬い考え方では、脱出が困難になる場合があります。臨機応変で柔軟な活動が重要です。

① 狭すぎるところでは1人ログロールで防水シートに乗せ、引きずる。

②、③ 少し幅ができたら、ロングへ収容する。

④ 曲がる所ではロングだと通過できないのでハーフに乗せ替える。

⑤ ハーフで狭隘屈曲路を抜けたら、安定したバックボードへ乗せ替える。

図4－1

防塵マスクは、写真4-7のような半面マスクタイプが確実ですが、活動しにくい場合もあります。写真4-8のようなN95タイプのマスクでも問題はありません。しかし、布や紙のマスクは、汗などで濡れると、急に呼吸がしづらくなるので、予備を幾つか用意する必要があります。

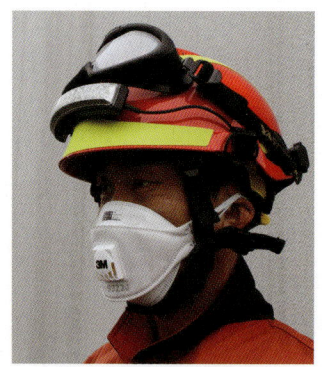

写真4-7　半面マスク　　写真4-8　N95マスク

　耳栓もするようにしてください。災害現場はコンクリートなどの粉塵が多いこと、耳の内部は洗いにくく、炎症も起こしやすいことから重要です。中耳炎や内耳炎を発症すると、聴力障害などの後遺症が残る可能性があります。

　CSでは最低限の装備を基本としていますが、災害の状況に合わせて臨機応変に対応しなければなりません。

　前提条件として、身動きの取れないくらい狭い空間だということを理解してください。

KENGO君

K：救出完了！
S：KENGO、やっと救出できたな。
K：はい、初めて90分以内に救出できました。たった10mなのに……
S：狭隘空間の活動は過酷だな。1回目の訓練はパッキングだけで90分だったから、だいぶ進歩したな。
K：はい、CSRMでは、やるべきことはやるけどオーバーにやりすぎてはいけない。救出不能になるので……。
S：おっ、いいことを言うようになったな。そのバランスをうまく調整するのがプロだな。KENGOも消防士っぽくなってきたな。
K：一応、消防士です……。

2　障害物突破

　障害物突破はCSRMの最初の活動となります。状況にもよりますが、指揮進入活動で具体的な計画を組み立て、まず、初めに取り掛かる大掛かりな作業が障害物突破になります。過去の災害においても障害物突破はとても大変な作業であり、長時間を要している活動です。

　障害物突破の初動は開放空間である外から始まります。そして、障害物の除去及び安定化を行いながら内部進入していきます。

　指揮進入活動でも説明しましたが、障害物の除去については、活動場所の周囲から始まります。安定材と不安定材を判別し、不安定材を可能な範囲で除去します。

　それと同時に建物の倒壊状況などを確認し、建物の力（重さ）が加わっている場所を評価します。それらの評価を基に「壁や床などの構造物の破壊」や「重量物の移動や持ち上げ」などを行います。

　写真4−9は実際の倒壊建物における救助活動の写真ですが、とても不安定で危険な障害物突破となっています。最終的にこのような状況が避けられ

写真4−9

ない場合もあるかもしれませんが、可能な限り現場の評価に基づき、安定化を前提とした障害物突破を行います。

「要救助者がそこにいるから　→　ここを破壊する。」という考え方は危険です。

「要救助者がそこにいる　→　破壊可能な場所はどこだ？　→　進入可能な場所はどこだ？　→　ここを破壊し、進入する。」抽象的ではありますが、このような考え方が必要です。繰り返しになりますが、観察した情報に基づく、計画が重要なのです。

　障害物突破＝破壊と考えがちですが、移動できるものは移動し、持ち上げられるものは持ち上げる、最終的に破壊しなければならないものは破壊することになります。

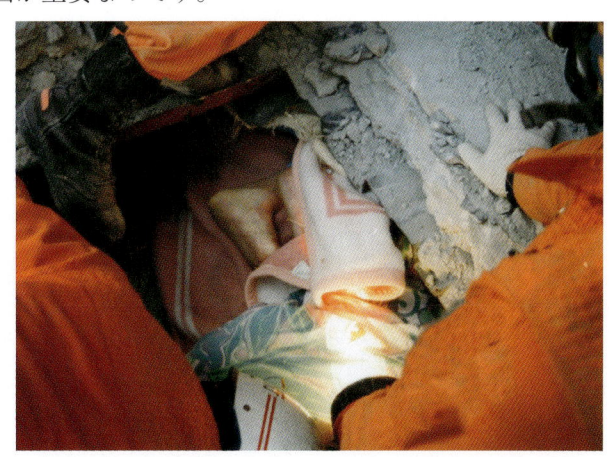

写真4−10

CSRMでは前述のとおり、特有の活動技術が求められます。特に、活動の流れが一般の救助活動と大きく異なることを念頭に置かなければなりません。これらの流れは指揮進入活動において、計画的に実施されなければなりませんが、状況により臨機応変な活動もまた求められるものでしょう。

基本的には、
障害物突破　→　要救助者の観察　→　要救助者の保温保護　→　要救助者の搬出
という流れになります。

それでは、具体的に説明します。

❶ 障害物突破（用手的排除、ブリーチング、リフティング、クリビングなど）

状況にもよりますが、一般的には要救助者の位置へ到達するまでに様々な障害物が存在します。タンスやテレビなどの場合もあれば、コンクリートの壁や木材の内壁である場合もあります。これらの障害物を除去すると同時に、安定化しながら進入します。

　① ブリーチングとは
　　　震災時などの倒壊建物などにおいて、内部への進入が不能な建物の壁体などに破壊作業を行い、開口部を設定することです。一般的に破壊活動が困難なコンクリート構造の建物の破壊を行う場合をいいます。破壊作業の形式により、コンクリート飛散防止破壊（クリーンブリーチ）と迅速破壊（ダーティーブリーチ）があります。

コンクリート飛散防止破壊（クリーンブリーチ）

破壊作業を行う際に内部に落下するコンクリート片を極力少なくする方法です。開口場所が限定され、要救助者の頭部直近の壁などに破壊活動を行わなければならない場合に選択します。しかし、コンクリートのはつり作業に想像以上に長時間を要するため、要救助者の容体や付近の逃げ遅れの状況などを考慮し、実施します。

迅速破壊（ダーティーブリーチ）

コンクリート壁にドリルで多数の穴を開け、強度が弱くなった部分をハンマーでたたき破壊する方法です。コンクリート飛散防止破壊に比べ、迅速に開口することができますが、内部にコンクリート片が落下するため、要救助者の頭部や体幹部付近に開口しなければならない場合には十分に注意が必要です。

② **コンクリート飛散防止破壊と迅速破壊の方法はどのように選択するのか？**

　開口場所の選定は、サーチングホールをドリルで開け、カメラや声掛けなどで内部の状況を確認し、できるだけ要救助者に近い位置で要救助者の頭部や体幹部の付近は避けることが基本となります。つまり、迅速破壊で開口が可能な場所を選択することが基本となります。コンクリート飛散防止破壊を選択する必要がなければ、迅速破壊を行うことで迅速で隊員の疲労も軽減した開口作業が行えます。しかし、要救助者の存在する可能性が強く、内部の状況が確認できない場合には、迅速破壊はドリルによる要救助者の外傷危険があるため、避けた方がよいでしょう。

③ **合成スラブの破壊（スラブとは、建築用語で床のことをいう。）**

　合成スラブとは、デッキプレートと呼ばれる鋼板の上にコンクリートが打設されている床（天井）のことをいいます。この場合、迅速破壊を実施することはできません。どんなにドリルで穴を開けても鋼板に邪魔されます。合成スラブの破壊は底にあるデッキプレートまでコンクリートのはつり作業を行い、最後にサンダーなどでデッキプレートを切断し開口します。

❷ 要救助者の観察

　要救助者は長時間取り残されていた場合が多く、通常では軽傷とされる外傷でも中等症以上に容体が悪化している可能性があります。さらには、接触から搬出までに数時間という長い時間が必要になる場合があります。そのため、要救助者の観察は詳細に行い、容体悪化を防ぐためにありとあらゆる工夫が必要になります。

❸ 要救助者の保温保護

　要救助者の容体悪化を防ぐ工夫の一つが保温保護になります。通常の救助活動や救急活動でも同様ですが、低体温は人体の様々なところに悪影響を与えるもので要救助者にとってデメリットの高いものです。震災時に、倒壊建物に取り残された多くの要救助者が低体温により容体が悪化していたといわれています。低体温を防ぐ保温は救命の第一歩と考えられます。さらに保温は同時に要救助者を保護することにもつながります。

❹ 要救助者の搬出

　要救助者の搬出には、注意が必要です。脊椎損傷の防止などはもちろんですが、狭隘空間で長時間取り残され、容体が悪化している要救助者は安易な体位変換などで容体が悪化する可能性があります。「ロウソクのように消えかけた命の炎を消さずに救出する」つまり、「風を起こさない」救出方法を考える必要があるわけです。例としては、「頭部側を挙上すると脳虚血発作を起こし意識を失い、その影響で体が脱力し、循環血液が末梢血管へ奪われ、脳虚血が悪化する」「大腿部の痛みを訴えたが、励ましながら活動を継続した。その結果、大腿骨骨折部からの出血が悪化し、容体が急変する」などがあります。指揮進入活動で救出計画を組み立て、効率的に救助活動を行うことが重要となるのです。

3 要救助者の観察・保温保護

1 観察

　CS内における初期観察は大変重要です。CS内では救出までに長時間かかることが予測され、一般的な病態であっても、重篤化する傾向にあります。
　瓦礫災害における一般的な病態「低体温」や「脱水」、特殊な病態「クラッシュシンドローム（圧挫症候群）」「コンパートメントシンドローム（筋区画症候群）」「粉塵による障害」「危険物による汚染」などを早期に観察し、把握する必要があります（詳細は「第5章　救急活動」で詳しく説明します。）。
　CS内に長時間取り残された要救助者の体は、コンクリートなどに体温を奪われ、さらに要救助者自身の失禁などにより、低体温に陥っている可能性が高くなります。過去の災害では、重症化した要救助者の多くが低体温だったといわれています。
　しかし、気温が高い夏場での災害では高体温となり脱水状態になっている可能性もあります。
　これらの病態を把握し、早期の観察で必要な処置を行うことが重要です。

2 保温保護

　保温保護は低体温を防止するために重要な処置です。低体温は要救助者に重大なダメージを与えます。しかし、ちょっとしたテクニックで救助隊にも狭隘空間で保温が実施可能です。
　さらに、保温のために要救助者をビニールシートなどで包むことで瓦礫との接触による外傷からも保護することができます。狭隘空間内に長時間取り残された要救助者は、低体温に陥っている可能性が高いのはなぜでしょうか？
① 周囲環境温度の低下（日陰による影響大）
② コンクリートなどの瓦礫に接触している部位から体温を奪われる。
③ 要救助者自身の失禁などにより、大腿動脈付近が冷却される。
　その他にも考えられますが、代表的なポイントを確実に覚えましょう！

写真4-11 　　写真4-12 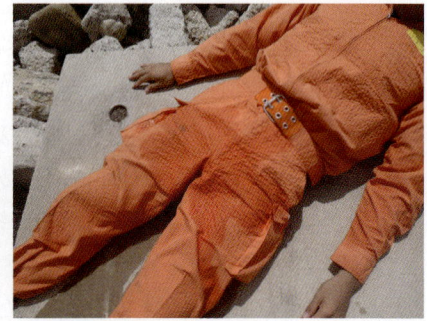　　写真4-13

失禁とコンクリートとの接触によって体温が奪われる状況を体験
・約500mlの水を股間部にかけることにより、要救助者の環境を具体的に体験することができる。

《シートの準備》

　保温保護に使用する防水シートなどは、狭隘空間で活用することを考慮し、必要最小限のサイズとします。研究会では180cm四方のシートを使用しています（写真4－14）。状況により、シートのサイズを大きくしたり、毛布を重ねたりすることもありますが、狭隘空間は非常に活動が困難な状況ですので基本はシンプルにシートのみで準備します。

　シートは狭隘空間で扱いやすいように準備します。準備作業は複数人で行うと効率的です。両サイドから中心に向かって細く巻きます（写真4－15）。シートを巻く際に緩く巻いてしまうとシートが大きくなり狭隘空間では持ち運びしにくいのに加え、搬送中に巻きが崩れてしまう可能性もあります。シートはコンパクトにしっかりと巻きます（写真4－16）。

　中心まで巻いたシートは二つ折り又は三つ折りにします。四つ折りにした場合、シートが団子状になり搬送しにくくなるので注意が必要です。この時、巻いたシートの内側では上側が中に折り込まれるようにするのがポイントです。最後に搬送中に広がってしまわないようにガムテープなどで仮止めしておきます（写真4－17）。

　全国共通にすることで、活動隊と準備隊の所属が違っても活動をスムーズに行うことができます。

写真4－14

写真4－15

写真4－16

写真4－17

事前準備が重要なんですね。しっかり、覚えなくては！！

Pinch!!

マメ知識　低体温

「低体温」とは中心深部体温が35℃以下の状態のことをいいます。そのうち30℃以上は「軽中等度低体温」、30℃未満は「高度低体温」と呼びます。狭隘空間内に取り残された要救助者は、寒冷環境や自分自身の失禁、接するコンクリートなどによって体の体温が奪われ、低体温に陥っている可能性は高いです。

◎発生機序と病態

体温が35℃になると寒冷反応により末梢血管を収縮させて体熱の放散を防ぎ、骨格筋の振戦（シバリング）により体温を維持しようとします。このとき、酸素消費量は著しく増加します。それでも体温維持ができなくなると、振戦はなくなり体温は急速に低下します。

◎症状

体温低下、意識障害、血圧低下、徐脈、呼吸抑制が見られます。また、体温が30℃以下になると心室細動が出現しやすく、死亡につながりやすくなります。

◎観察と判断

体温が低値であることのほか、意識障害、呼吸・循環の抑制などより低体温の判断ができます。高度の低体温が疑われる場合には、呼吸と脈拍が著しく遅い状態になっている可能性がありますので回数の確認は30秒以上かけて行います。

◎応急処置

呼吸・循環の管理と保温の2点が中心となります。

◎呼吸・循環管理

意識レベルが低下している要救助者では、気道確保をします。振戦があると酸素消費量は増加しますので、酸素も投与します。不整脈を予防するため要救助者の移動は愛護的に行います。

◎復温

現場や搬送中の的確な復温は困難ですので、まずそれ以上の低体温の進行を防ぐため保温に努め、衣服が濡れていれば除去します。長時間心停止となっていても脳機能の回復が期待できることが多いので、救出後は集中治療が可能な医療機関へ迅速に搬送します。

表4-1　低体温による生理学的変化

体温	神経系	心・血管系	呼吸系	骨格筋	代謝
35℃以下	無関心から昏迷	末梢血管収縮	分時換気量亢進	振戦亢進	基礎代謝亢進
30℃以下	呼びかけに無反応 呼吸中枢抑制 痛みに無反応	心房細動 心室性不整脈 心拍出量減少 低血圧 心室細動	分時換気量低下 咳嗽反射低下 咽頭反射低下～喪失	振戦から筋硬直へ	基礎代謝低下
20℃以下	脳波消失	心室細動	無呼吸	筋硬直	熱産生軽微

〔救急救命士標準テキスト編集委員会 編「改訂第7版　救急救命士標準テキスト」下巻 P.936-937、へるす出版、2007より一部改変〕

マメ知識　1人ログロール

　1人ログロールとは脊椎損傷の可能性がある要救助者に対し、救助者が1人で対応する場合に頭部から腰部までの軸を曲げないように抱きつきながら体位変換をする方法です。

　具体的には要救助者の頸部下に腕を滑り込ませ、側臥位に体位変換した際に頸部が大きく屈曲することを防ぎます。同時に、要救助者に体幹部を密着させ、体幹部のねじれを起こさないように体位変換することです。この際、頭部の動揺に十分注意する必要があります。足を使うポイントとして、救助者から見て遠い側にある要救助者の足を近い側にある足の上に載せ、その上から救助者の足をかぶせることでスムーズなログロールができます。滑り込ませた腕で要救助者の頭を包み込むように持ち上げることで頭部を安定させることができます（写真4－18）。

写真4－18　1人ログロールの準備

　本来ログロールとは、要救助者の体を1本の丸太（log）に見立て脊柱軸にひねりや屈曲を加えずに回す（roll）動作で、一般的な外傷コースでは3人で脊柱軸を保ってログロールを実施しますが、狭隘空間では1人でログロールを行わなければなりません（写真4－19）。

　完全な脊柱保護はできなくても狭隘空間で可能な限りの脊柱保護を実施します。

　不用意なログロールは要救助者の予後を左右することになりかねませんの

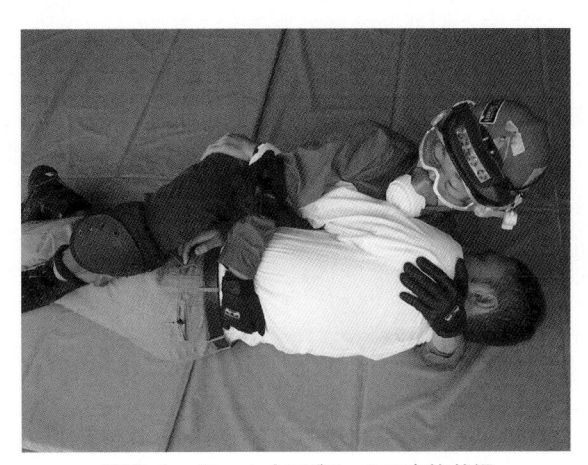

写真4－19　1人ログロールの実施状況

で、しっかりとした1人ログロールの手技を身に付けることが重要です。

　1人ログロールは必ず行うとは限りません。要救助者観察の結果、四肢の麻痺やその他の所見から脊柱損傷を否定できれば、要救助者本人に少し体を動かしてもらうことでスムーズにパッキングすることができます。

《パッキング方法》

① パッキングシート（防水シートなど）を持って、要救助者に接近します（写真4－20）。

狭隘空間が前提条件なので、要救助者に密着する状態になります。

この際、四肢麻痺などの脊椎損傷に関係する情報を聴取します。

脱力感により動かしづらいのか、それとも麻痺の可能性があるのかをしっかりと聴取することが重要です。

麻痺の可能性が低い場合には、要救助者本人に少し体を動かしてもらうことでスムーズにパッキングすることができます。

② 要救助者を抱きかかえるように持ち上げて体位変換し、シートを滑り込ませます（写真4－21）。

この際、脊椎損傷を考慮し、1人ログロールを実施します（P.47「マメ知識」参照）。

③ 1人ログロール実施後、要救助者の背部にパッキングシートを挿入します（写真4－22）。

この際、要救助者側の巻きはできるだけ広げないように要救助者の下側に挿入します。

挿入が浅いと手前にシートを引き出す際にシートが足りなくなるのでしっかりと挿入します。

脊椎損傷の可能性がある場合には、1人ログロールの体勢が崩れないように最大限の注意が必要です。

※パッキングする前に可能であれば、要救助者にPPEを装着しましょう。私たちが身を守るために装備するPPEは要救助者にとっても身を守るために必要なものです。必要であれば、頸部固定資器材も装着します。そうすることで、より確実な保護をすることができます。

写真4－20　パッキングシートを持って要救助者に接近

写真4－21　1人ログロール

写真4－22　パッキングシートを背部に挿入

④ 要救助者の背部にパッキングシートを挿入したら、奥側のシートの巻きを広げて、ゆっくりと要救助者の体位変換を戻します。

その後、要救助者の下側へ挿入したシートの巻きを手前へ引き出します（写真4－23）。

この際、無理に引っ張るのではなく、シートの巻きを広げながら引き出すとスムーズにシートを引き出すことができます。

⑤ シートを引き出した後は要救助者をシートで包みます（写真4－24）。

シートで包んだ後はガムテープなどでしっかりと固定します。

固定が緩いと、救出時の引きずりなどの影響でシートが開いてしまうので、ガムテープなどは長めにしっかりと貼り付ける必要があります（写真4－25）。

⑥ 固定後は要救助者の観察が困難になるので、パルスオキシメーターや心電計などの観察資器材がある場合には、パッキング完了前に設定し、要救助者の顔の横などに資器材の数値表示部分を集めて設定しておくと、パッキング完了後でも確認が容易です（写真4－26）。

※医療関係者の進入及び医療処置が可能な場合は、点滴や導尿などの処置を実施しておきます。

写真4－23　パッキングシートの巻きを手前に引き出す

写真4－24　パッキングシートでしっかり包む

写真4－25　ガムテープで固定し、完成！！

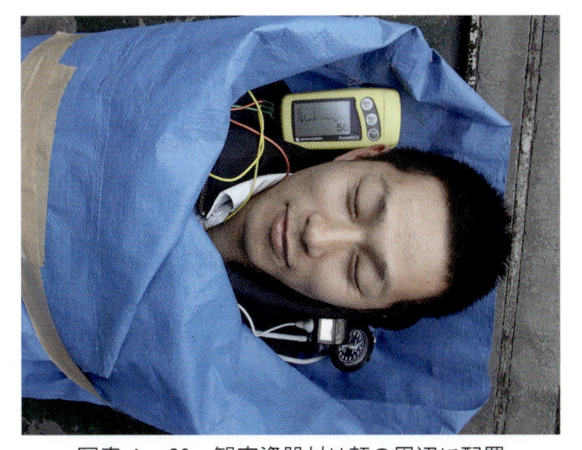

写真4－26　観察資器材は顔の周辺に配置

4　要救助者の搬出

　要救助者の搬出で重要なことは血圧変動に注意することです。ここで疑問が出ます。人間はそんなに簡単に血圧が変動するのでしょうか？　血圧変動について、二つの大きな要素を説明します。

《脳と心臓の高さを中心にした考え方》

　出血がなく、循環血液量が保たれ、心臓が元気に動いてくれれば、血圧の変動はなく安定した状態を保つことができると思われます。しかし、ここに「消防隊特有の落とし穴」があるのです。救助活動の現場は病院などと違い、要救助者の体を上下左右に動かします。体内の血液は重力に引かれています。出血などがあり、循環動態が不安定な要救助者の場合は、仰臥位で心臓と脳が同じ高さにあれば問題ない状態でも、体を起こし、心臓より脳を高い位置に上げることで血液は重力に引かれ、下半身に移動し、脳は虚血状態になってしまいます。脳が虚血状態になり、意識を失うと体の筋肉は弛緩し、毛細血管は緩み、さらに血液が毛細血管へ逃げていく……このように血液が脳から逃げていく負の連鎖が始まってしまいます。

《循環血液量を中心にした考え方》

　体の中の血液量、いわゆる、循環血液量が極端に少なくなれば、心臓がどんなに元気に動いても脳や体に血液を送ることはできなくなり、血圧が低下し、ショック状態になってしまいます。血液を送ることができないということは酸素を送ることができないということです。脳が酸欠状態になれば、意識状態は悪くなり、最後には意識がなくなり、呼吸が停止してしまいます。だからこそ、出血を悪化させてはならないのです。

血胸
1,000～3,000ml

上腕骨骨折
300～500ml

腹腔内出血
1,500～3,000ml

骨盤骨折による
後腹膜出血
1,000～4,000ml

大腿骨骨折
1,000～2,000ml

床や衣類の1平方
フィート（約30cm
四方）の血液は
100ml

下腿骨骨折
500～1,000ml
複数箇所の場合は、
さらに500mlを加算

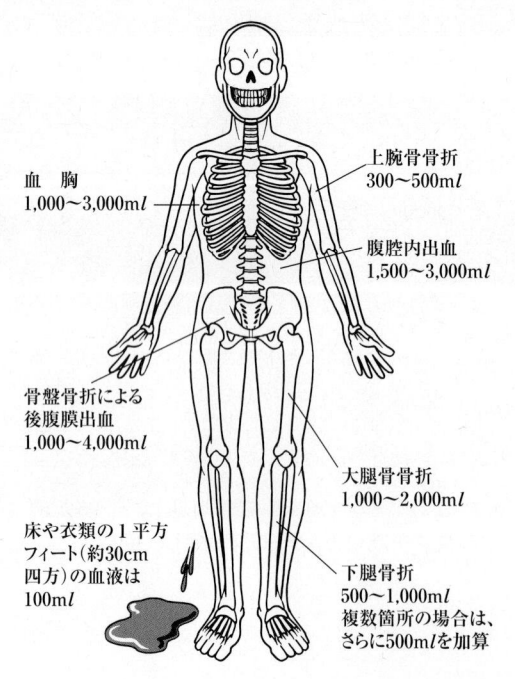

〔救急救命士標準テキスト編集委員会 編「改訂第8版　救急救命士標準テキスト」第5巻 P.29図1-3-4、へるす出版、2012〕

骨折部位や出血部位からの出血量を予測することでショックへ移行する病態を予測することができる（出血の悪化、又は体を傾け、頭部を高くすることで軽度から中等度、中等度から重症へと容体悪化する。）。

750～1,500ml
軽度のショック：バイタル変化出現

1,500～2,000ml
中等度のショック：ショック症状出現

2,000ml 以上
重度のショック：心停止の危険あり

図4－2　出血の資料

「脳と心臓の高さを中心にした考え方」「循環血液量を中心にした考え方」、どちらの考え方もしっかりと観察を行い、骨折部位や打撲部位などから体内で出血している量を予測し、容体悪化が疑われる場合に対応する必要があります。容体悪化が疑われなければ、活動に選択肢を増やすことができます。オーバートリアージ的な考え方で「～かもしれない。」と容体を判断してしまうと救出活動が困難になる場合もあります。

　ショックが疑われる場合で、頭側を持ち上げなければならない場合には声掛けを十分に行い、短時間でフラットにできるような活動を計画します。この計画を慎重に行うことで意識レベルの低下から心停止まで進んでしまうかもしれない「負の連鎖」を予防することができます。これが「ロウソクのように消えかけた命の炎を消さずに救出する。」活動なのです。
　骨盤骨折や大腿骨骨折は大量に出血する可能性があり、「活動中の動揺」による出血の悪化に、特に注意が必要です。
　要救助者の「痛いっ、いてて」という言葉に対し、「少しの我慢ですから、頑張りましょう。」という対応は取り返しのつかない致命的な活動になっている可能性があります。出血が悪化した場合、血管から出てしまった血液を体の中に戻すことはできません。出血の悪化を予防するしかないのです。

《要救助者搬出のポイント》
・観察の結果、脊椎損傷やショックの可能性がなければ、脱出活動に協力してもらうことも効率的な活動である。
・外出血はもちろん処置するが、骨折などで内出血が予想される場合には動揺防止に努めて、出血の悪化を予防する。
・ショック、プレショックの可能性がある場合には、脳が虚血状態になることを予防するため、フラットな体位に努め、必要であればショック体位（足側高位）にする。頭側を高くする場合には十分に注意する。

　このようなポイントをしっかりと理解し、搬出することが重要です。

KENGO君

K：「ロウソクのように消えかけた命の炎を消さずに救出する。」初めはこの意味がよく分かりませんでしたが、少し分かってきた気がします。救助活動自体が「風」なんですね。
S：そうなんだ。俺たちは1秒でも早く助けたいという強い気持ちで活動をしている。しかし、それが「強い風」になってしまう場合があるんだ。
K：患者の容体を安定させるのに細心の注意が必要なんですね。
S：よく理解できてきたな。容体を把握し、安定させるには、やはり救急技術が重要だ！よし！　一緒に勉強だ。
K：いっ、一緒に!!　了解です！

第5章 救急活動

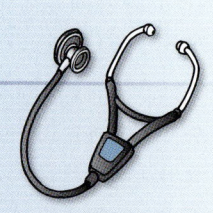

1 CSRMにおける救急活動とは

1 救助隊が実施する救急活動

「救助活動中、要救助者が嘔吐」こんな時、救助隊員としてどのような対応をすればよいでしょうか？　この場合、口の中の嘔吐物を除去するなどの対応をせずに救出活動を進めてしまうと、気道閉塞を起こし、容体を悪化させてしまうことも考えられます。

要救助者を観察し、様々な容体変化に対して適切な予防と対応をする"救助隊が実施する救急活動"は、救助活動を成功させるに当たり大きなウェイトを占めます。

では、CSRMにおいて、救助隊はどのような救急活動を担うのでしょうか？

瓦礫の中などで生存する瀕死の要救助者を救命するには、一刻も早い医療の提供が重要になります。しかし、長時間活動が予想され、医療の提供が求められるCSRMですが、CS内は危険なため、医療関係者の活動区域は制限され、瓦礫の中に進入できないこともあります。そのような現場では、災害現場の最前線で活動する救助隊と後方の医療関係者との連携がとても重要になります。さらに、CSRMを共に行う医療関係者が「どのような資器材をどのような目的で使用し、活動しているのか」について理解しておけば、連携をする上で大きな力となります。

写真5-1　バイタルサイン測定キット 　　写真5-2　消防と連携し方針決定する医療関係者

2 CSRMを共に行う医療関係者

CSRMを共に行う医療関係者の一番優先すべき任務は、救助隊の心身両面での健康管理です。救助隊が倒れてしまっては活動が成り立ちません。そして、捜索災害救助犬の健康管理にも気を配ります。CSRMの最終目的は要救助者の社会的・機能的予後を最大限に考慮した救命であることは間違いありません。そのため、CSRMを行う医療関係者は、狭隘空間での特殊な医療活動を

2　CSRMにおける救急関係資器材

　展開できるように、知識や技術を身に付け、そして、現場で使用する医療機器の準備も必要です。
　狭隘空間に進入した医療関係者が、一人で医療機器の準備をしていては、時間がかかってしまいます。そこで、災害現場の最前線で活動する救助隊員が、CSRMを共に行う同じチームとして、医療機器の準備や補助ができることで、より効率の良い活動になります。
　狭隘空間で使用する医療機器は、特殊な資器材を使用しているわけではありません。普段使っている資器材を特殊な場所で、安全に効率よく使用するために工夫しています。

2　CSRMにおける救急関係資器材

　CSRMにおける救急関係資器材を紹介します。狭隘空間で活用するために普段医療機関で使用している資器材が工夫されていることは前にも述べました。それでは、救助隊が活動の補助をしなければならない資器材とはどのようなものなのか見ていきましょう。

　紹介する資器材は、次のとおりです。
（1）　パルスオキシメーター
（2）　心電図モニター
（3）　AED、ポータブルエコー
（4）　救急隊保有資器材
（5）　輸液

(1)　パルスオキシメーター

　パルスオキシメーター（SpO_2モニター）は、簡単にいうと、体の中に酸素がどれほど取り込まれているかを知る手掛かりとする道具です。脈拍数も同時に測定することができます。
　パルスオキシメーター（写真5-3、写真5-4）は、昔に比べてとても小さくなり、価格も安くなりました。呼吸疾患を持っている患者は、個人で所有して、普段の健康管理に使用しているほどです。

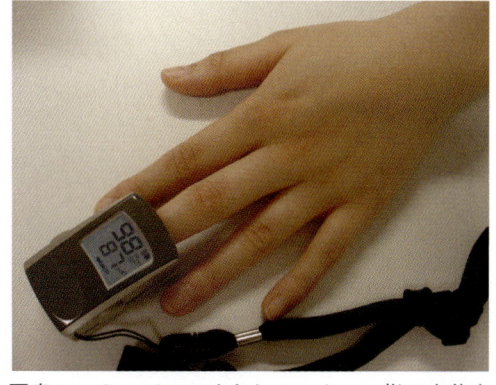

写真5-3　パルスオキシメーター　指に本体を付けるタイプ。

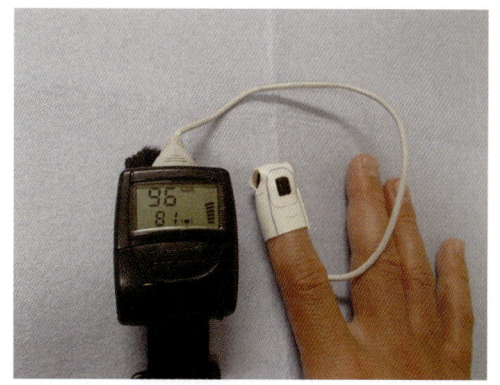

写真5-4　パルスオキシメーター　センサーがコードの先にあり、テープでセンサーをとめるタイプ。救助活動で外れにくいのでこちらのタイプが適している。

CSRMにおいても、要救助者の容体管理だけでなく、隊員の健康管理など、様々なシーンで容易に使える大変便利なものです。測定方法も簡単で洗濯ばさみのような検知装置を指に付けるだけです。痛くも痒くもないのがこの装置の最大の特徴です。

　プロとしてパルスオキシメーターを正しく利用するために、原理について知っておきましょう。パルスオキシメーターは、「体に酸素がどれほど取り込まれているかを知る」と説明しましたが、具体的には、動脈血中のヘモグロビンの何％が酸素を運んでいるかを測定しているのです。指先に挟むセンサーの先端から赤色光と赤外光の２種類の光が出ています。その光がどれほど指を透過したり、反射するかを測定します。ヘモグロビンは、酸素がたくさん付くときれいな赤色に、酸素が少ないとどす黒い色に変わって見えます。実はこの色の違いが、光の透過や反射に影響するので、それを測定することで酸素を運んでいるヘモグロビンの割合を予測しているのです。さらに、拍動があるかないかで、動脈血と静脈血を区別して測定しているのです。つまり、光の透過や反射、拍動に何らかの影響がある状況では正常に測定することが難しくなります。

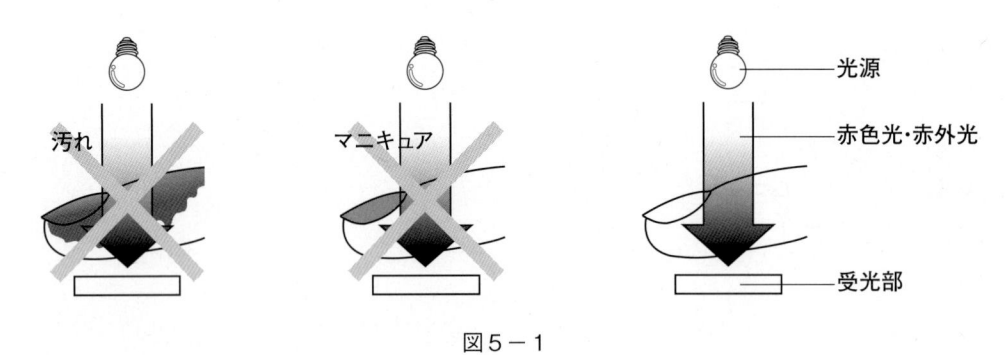

図５−１

　ヘモグロビンの色が通常の色でなくなる病気や、薬を使用しているときには、パルスオキシメーターの測定値は、あてになりません。例えば、一酸化炭素中毒の人は、ヘモグロビンに酸素が結合していないのに、血液がとても鮮やかな赤色になるため測定できません。また、出血などでヘモグロビンが少ない場合や、指先などの血流がきちんと保たれていない場合も同様なのです。

　例えば、大量の出血があり、ショックになっている場合や、寒い日に指先が凍えているときなど、指先に血液が正常に流れていないと測定不能になります。

　そのほか、マニキュアなども測定値に影響を及ぼします。それから強い光が当たった場合も測定不能となる場合があります。機種によっては太陽の照っている野外での測定が不能な場合もありますが、影を作るなどの対応で測定できるようになります。

マメ知識　一酸化炭素飽和度が測定できるパルスオキシメーター

『火災現場で消防隊員が頭痛と呼吸苦を訴えています。パルスオキシメーターでSpO_2を測定したところ100％、顔色も悪くなく、むしろ赤みを帯びているように見えます。』

この隊員の体調は、どういう状態にあると予測できるでしょうか？　脱水状態？　熱中症？　精神的なもの？　それとも……。これだけの条件では予測できませんね。消防が活動する現場は、活動環境や隊員の体力など様々な条件が重なるため、隊員の体調を把握することはとても難しいと思います。

ところで、一酸化炭素中毒の可能性はいかがでしょうか？　本文中にもあるとおり、一酸化炭素中毒の場合は、パルスオキシメーターでSpO_2を測定しても正常な数値を測定することは困難です。また、『こんな症状が出たら一酸化炭素中毒！』というような特異的な症状がないた

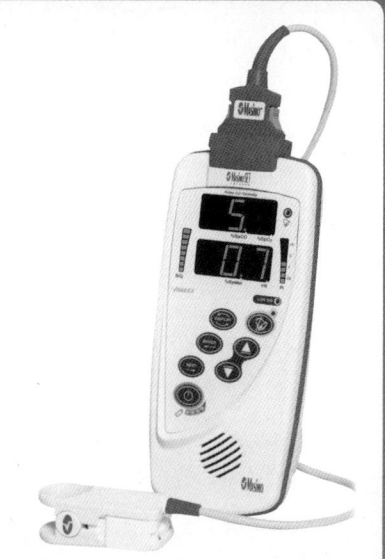

写真5－5　パルスCOオキシメーター

め、ほかの疾患と間違えられ見逃されることもあります。そのため、一酸化炭素中毒は「Silent Killer」の異名を持ちます。この隊員は、一酸化炭素中毒を疑い、適切に対応する必要があるでしょう。

一酸化炭素は無色・無味・無臭です。血液中には、酸素と結合して、体中に酸素の運搬を行う役目のヘモグロビンというものがありますが、一酸化炭素は酸素の約200倍もヘモグロビンと結合しやすいといわれています。一酸化炭素がヘモグロビンと結合してしまうと、体の生存に不可欠な酸素が体中に運搬されず、体内組織において、回復や再生、生存に不可欠な酸素が不足してしまいます。

症状は、無症状なものから頭痛や呼吸苦を呈するもの、重症化すると昏睡や痙攣、心筋や脳血管に対して後遺障害を残すことも報告されており、最悪の場合は心肺停止状態となります。また、たとえ軽症であっても判断力が低下するといわれています。危険と安全の判断を常に迫られる現場で判断力が低下した隊員が活動することは、共に活動する隊員までも危険にさらされてしまいます。

火災現場のほかにも閉鎖空間で発電機や削岩機などのように、排気ガスを出す資器材を使用して、長時間救助活動を実施した場合など、隊員は多くの状況下で一酸化炭素中毒を発症する可能性があると考えられます。

空気環境については、十分に気を付けて活動をしなければなりません。

(2) 心電図モニター

心電図モニターは、心臓の動きを知る道具です。

正式な心電図は、胸に6箇所、両手両足に4箇所、合計10本の電極を貼って測定します（写真5-6）が、簡易の心電図モニターでは、通常、3本の電極を貼って測定します（写真5-7、写真5-8）。

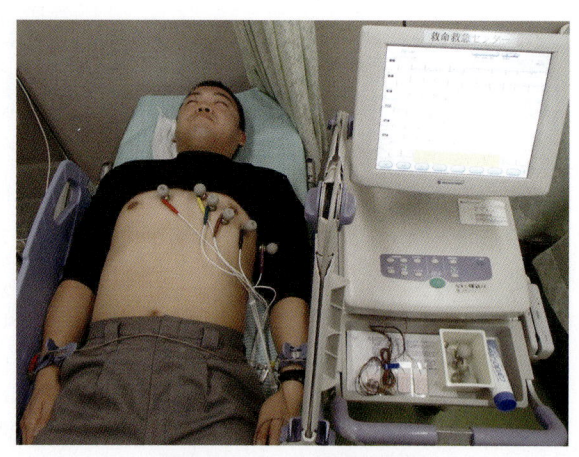

写真5-6　12誘導心電図

二つの電極で心臓を挟んで、心臓の筋肉の動きを電気的に読み取り、波形で表します。挟む位置により、波形は変わります。残りの1本はアースです。

写真5-7に示した位置に電極を貼れば、安定して形のきれいな心電図波形を観察できます（写真5-8）。

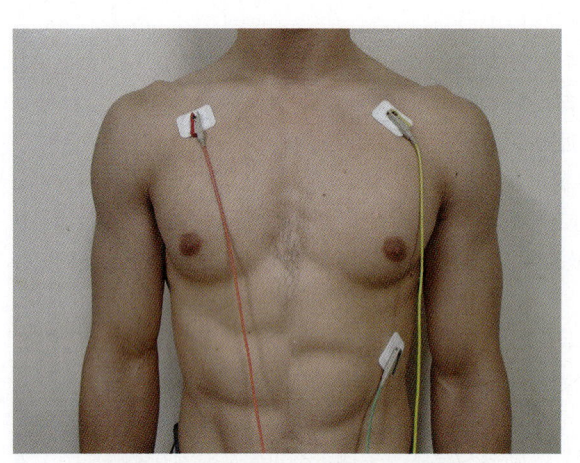

写真5-7　簡易な心電図の測定方法

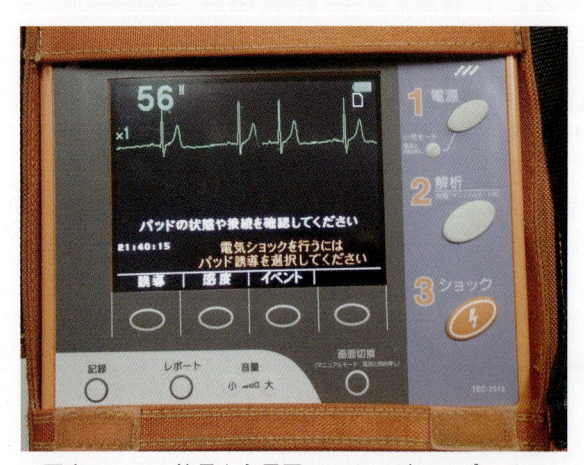

写真5-8　簡易な心電図モニターディスプレイ

しかし、CSRMでは、必ずしも胸部に整然と電極を貼ることができるわけではありません。要救助者の胸が、何らかの障害物で塞がっている場合が多々あります。そのようなときは、どうすればよいのでしょう。

このような場合は、右手と左手に電極を貼って実施することもできるのです（写真5−9、写真5−10）。

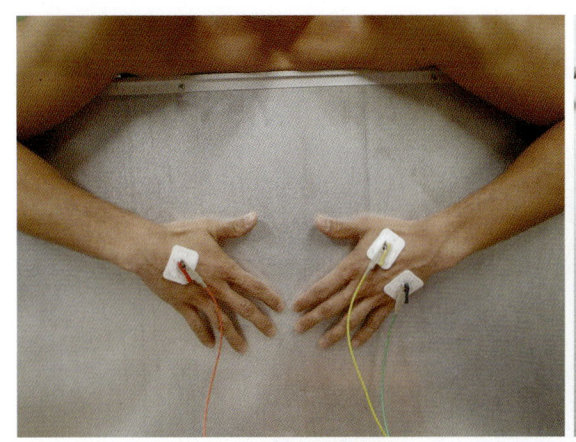

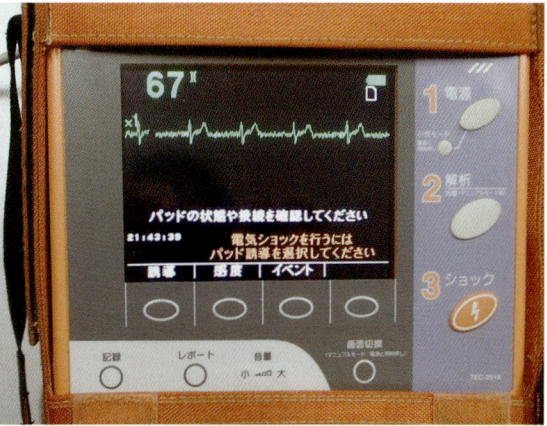

写真5−9

写真5−10

なるべく「心臓を2点で挟む」ことを意識して、電極を貼れば何とかなるものです。

多少のノイズはありますが、最低限のことは判断でき、心拍数も測定できます。

最悪、首だけでも測定できないこともありません（写真5−11、写真5−12）。かなりノイズが混ざりますが、心臓が正常に動いていることは十分に分かります。

写真5−11

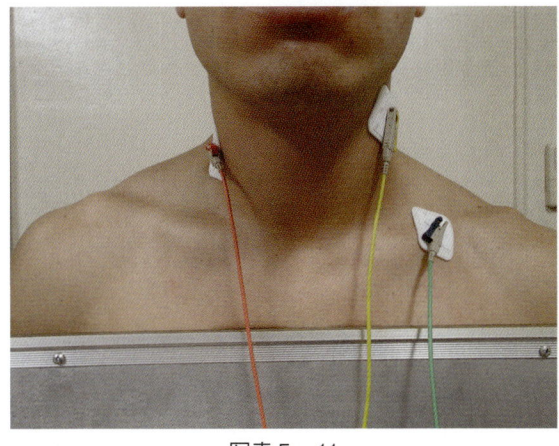

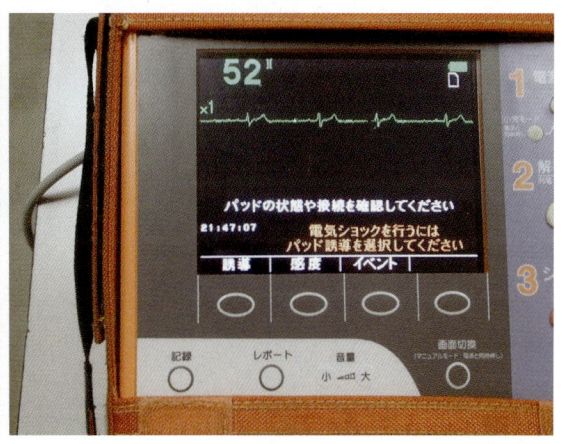

写真5−12

電極は、体表面が濡れたり、粉塵で汚れていると、接着しにくくなります。一度、体表面を拭いてから貼るとよいでしょう。またタイプにもよりますが、体動で心電図モニターのリードと電極が外れることも考えられます。長時間となるCSRMでは、電極とリードの接着部分を上からテープで補強するなども一つの対策です。ただし、要救助者の皮膚トラブルについても十分気を付ける必要があります。テープはガムテープなどではなく、医療用テープを使いましょう。

(3) AED、ポータブルエコー

・AED：自動体外式除細動器（写真5−13）。クラッシュシンドロームの要救助者は、心室細動を起こす可能性があるため必要です。
・ポータブルエコー：携帯型超音波診断装置（写真5−14）。CS内での使用の可能性もあります。救出後にFAST（心嚢、両側胸腔、脾周囲、モリソン窩、ダグラス窩の液体貯留の検索を目的とした簡易的な超音波検査でFocused assessment with sonography for traumaの略）を行うことも可能です。

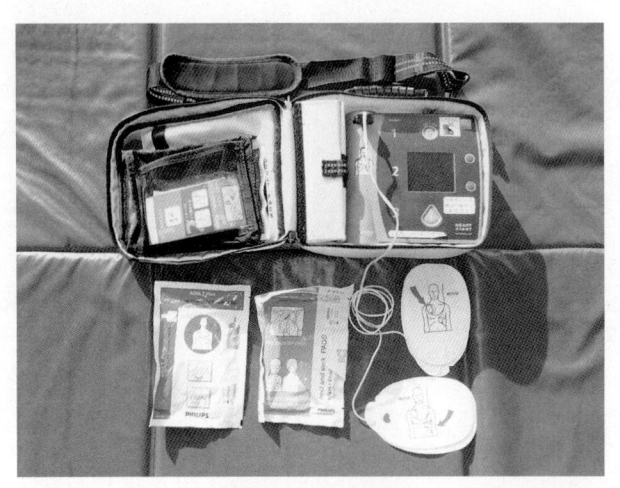

写真5−13　AED

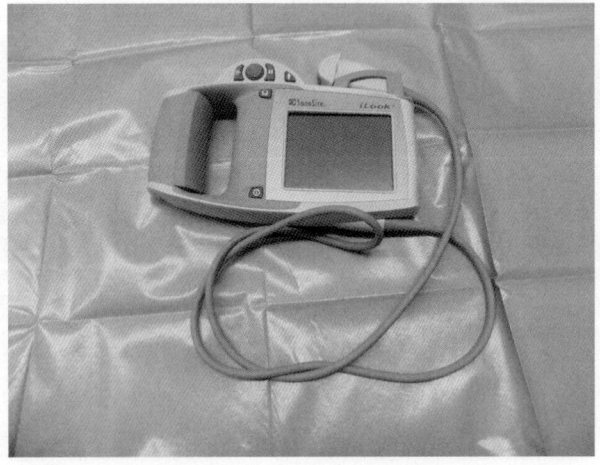

写真5−14　ポータブルエコー

(4) 救急隊保有資器材

パルスオキシメーターやAEDのほかに、救急隊が保有している資器材を紹介します。
・体温計
・血圧計
・ネックカラー
・シーネ
・酸素、酸素マスク類
・各種エアウェイ、など

写真5-15 ネックカラー

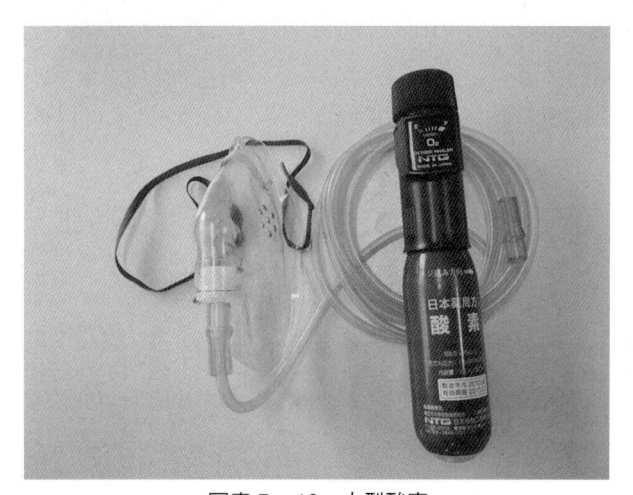

写真5-16 小型酸素

写真5-17 シーネ

(5) 輸液（点滴）

　医療活動の中で、輸液（点滴）はとても重要です。速やかに血管内に薬剤や水分を直接投与できるからです。

　震災時、倒壊建物の中などに閉じ込められた要救助者が極度の脱水状態になっていることは、よく知られています。また、瓦礫に挟まれた状態からの救出では、クラッシュシンドローム（圧挫症候群）が発生する可能性が高いため、輸液をした後に救出活動（重量物除去）に入ることがあることも、CSRMを行う隊員として共有しておきたい知識の一つです。

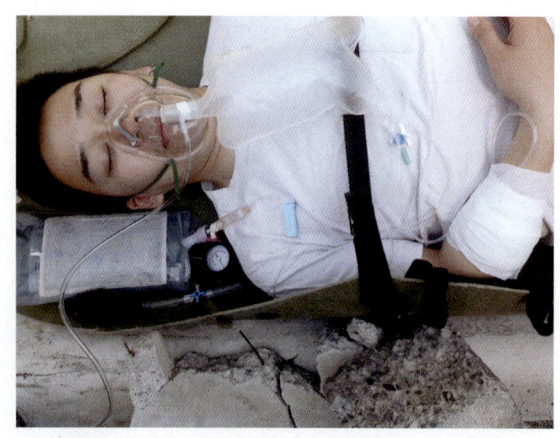

写真5-18　狭隘空間での要救助者への輸液

　ですから、CSRM中、要救助者に対して速やかに輸液を行うことは、大変重要な医療処置であり、医療関係者は、そのことを常に念頭に置いています。

　通常、点滴は輸液バッグを点滴棒にぶら下げて、「ポタ、ポタ、ポタ」と少しずつ滴下しながら血管の中に薬剤を入れていきます。これは、重力に液が引っ張られていることを意味しています。つまり、点滴は重力（位置エネルギー）を利用するので、輸液バッグの液面が点滴の針を刺した部分より最低でも20～30cm以上高くしておく必要があります。

　輸液バッグの液面が低い状態だと、血管に入っていく圧が、血管の中の圧（静脈血圧）に負けて、点滴が落ちない現象が発生します。さらに、低すぎると、落ちないどころか、血液が逆流してしまいます。

　では、災害現場、とりわけ狭隘空間のように輸液の液面を高くするスペースがない場合は、どうすればよいのでしょうか？　CSRMを共に行う医療関係者は、輸液の圧が血管の中の圧（静脈血圧）に負けないように、空気式の加圧バッグ（写真5-19）を使用しています。輸液バッグを周囲から圧迫することで、強制的に輸液を血管の中に流し込む仕組みになっています。

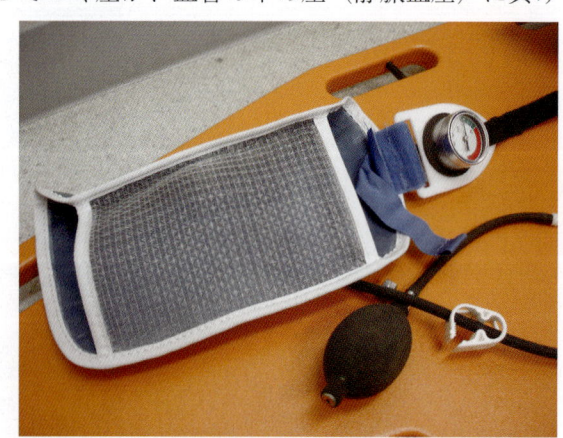

写真5-19　加圧バッグ

《加圧バッグの使用方法》

① 輸液ルートを作成します。通常の要領で輸液ルートを作成した後に輸液バッグやルート内の空気を完全に抜きます（P. 62「加圧バッグ使用時の輸液ルート作成方法」参照）。なぜなら、加圧バッグを使用する場合は、輸液バッグに圧をかけて輸液を絞り出すので、輸液バッグや輸液ルートに空気が残っていると、その空気を要救助者の血管の中に押し入れることになってしまうからです。

② 加圧バッグに輸液バッグを挿入します（写真5－20）。無理な操作をすることにより、ルートが外れてしまうことがあるので、丁寧に挿入します。

　また、活動する場所により困難な場合もありますが、不用意にルートとバッグがつながっている部分（ゴムの部分）に触れないようにします。ルートが汚染されてしまい要救助者に悪影響を及ぼしてしまうかもしれないためです。

③ 輸液バッグを挿入したら加圧バッグに空気を入れて膨らまします（写真5－21）。

　この加圧バッグは、手動式の血圧計で代用することが可能といわれています。ただし、あくまでも代用なので、CSRMを共に行う医療関係者とコミュニケーションを密にして使用するかどうかを決定しましょう。

　輸液が、加圧された状態であれば、高さを気にせずどこに置いていても点滴ができます（写真5－22）。

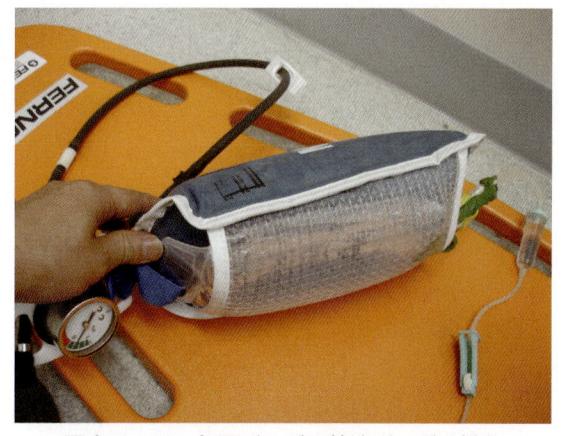

写真5－20　加圧バッグに輸液バッグを挿入

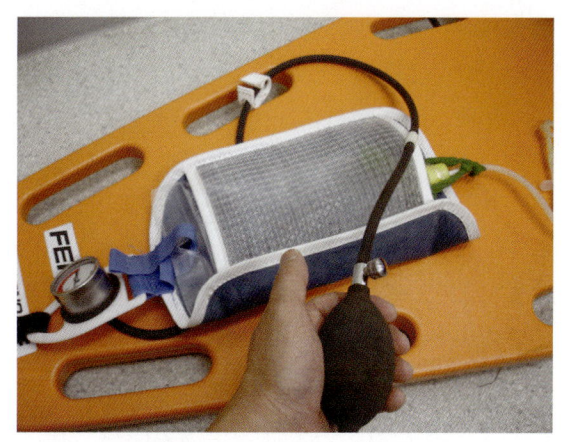

写真5－21　加圧バッグを加圧

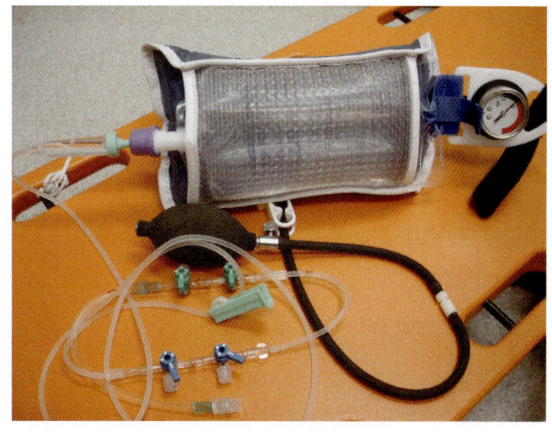

写真5－22　加圧バッグにより圧迫され、落差がなくても点滴可能な状態

《加圧バッグ使用時の輸液ルート作成方法》

輸液ルートには、輸液バッグ側にドリップチャンバー(以下「チャンバー」という。)という部分があります。通常、輸液をする時は、このチャンバーは輸液バッグのすぐ下にあり、輸液ルートの上部に位置するため、空気がここにとどまる仕組みになっています。そして、チャンバーには、輸液ルート内に空気が入らないようにするだけでなく、滴下数によって輸液量を知らせる役割があります。

チャンバーの下には、クレンメがあります(写真5－23)。クレンメは輸液の滴下速度を調整するものです。保温後に点滴を中止する際、クレンメを操作しますので保温具でクレンメが隠れないように輸液バッグ側に移動しておく必要があります。

完全に空気を抜く作業は、まずクレンメを閉じた状態で輸液バッグを逆さ(チャンバーを上)にした状態で加圧し、チャンバー内に輸液を満たします。その後、クレンメを全開にしてルートに輸液を通します。ルートの先端が不潔なところに付かないように気を付けましょう。輸液バッグや輸液ルート内に空気が残っていないか丁寧に目で追って確認をします(写真5－24)。

この完全に空気を抜く作業は、救急隊が通常使用しているもので練習できます。

輸液ルートの途中に三方活栓が付いています。この三方活栓のコックの向きにより、輸液の流れる方向を変えることができるため、いろいろな薬剤を投与することができます。三方活栓もクレンメと同様に保温後に隠れることがないように注意しましょう。

製品によって三方活栓の形状が異なるため、正しい操作を確認する必要があります。狭隘空間での活動時には、進入前にしっかり確認しておくなど細心の注意を払うことが大切です。

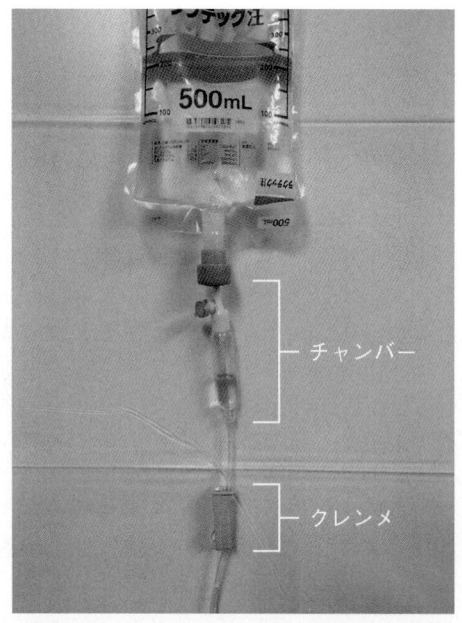

写真5－23　チャンバー(上)とクレンメ(下)

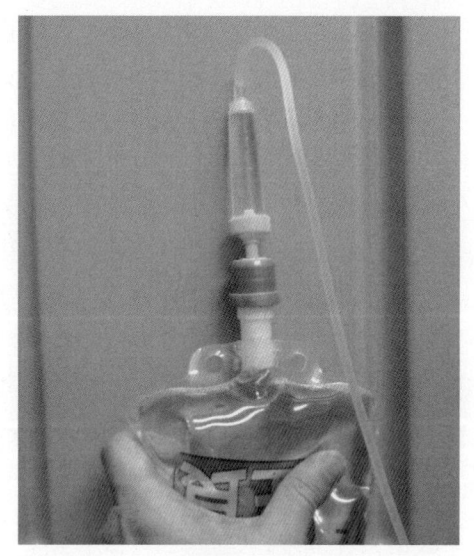

写真5－24

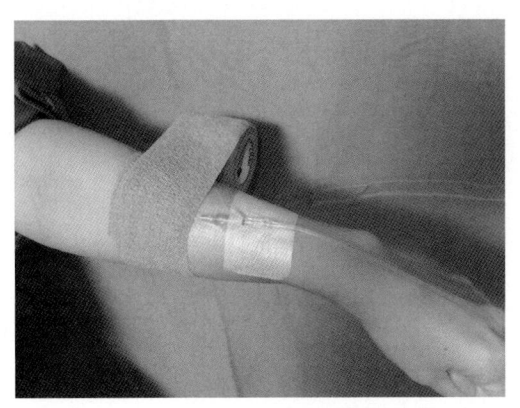

写真5-25　針の固定には自着式弾性包帯を使用

《刺入部の固定方法》

　点滴の針を刺した部分の固定には、自着式弾性包帯が推奨されます（写真5-25）。瓦礫の下の要救助者は、汚れていたり、濡れていたりするため、普通の医療用テープでの固定が困難なためです。自着式弾性包帯は、接着剤を使用しないので、水やオイルで濡れていても、ほこりが付いていても、しっかりと固定してくれます。

　写真では刺入部にはフィルムが貼ってあります。ドレッシングフィルムといいますが、これを貼ることが可能であれば刺入部の様子を継続的に観察できます。しかし、現場や要救助者の状態によってはドレッシングフィルムが付かないこともあるので、臨機応変に抜針の予防を考えた固定方法を工夫することが求められます。

　自着式弾性包帯を使用した実験では、2～3kgの張力で輸液ルートを引いてもしっかりと固定されていました（写真5-26）。実際、狭隘空間で作業を行ってみますと、テープがベタベタしないので容易に固定作業ができ、グローブを着けたままでも操作できます。

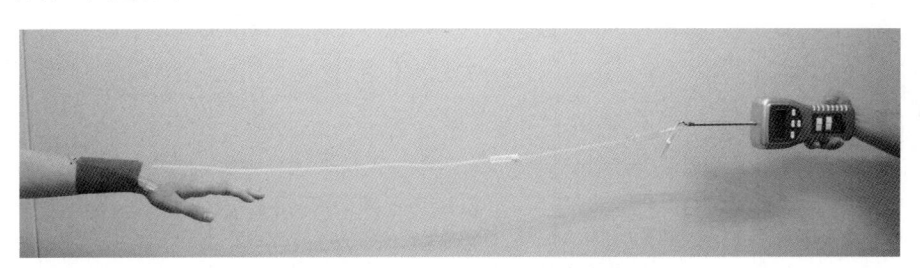

写真5-26　張力計による実験

　もし、救助中に輸液ルートが何かに引っかかってしまって、どうしても外れない、緊急脱出させるのに輸液ルートが邪魔だといった場合は、ルートを途中で切ってしまいます。切った部分をすぐに結んでしまえば、血液が逆流してくることはありません。要救助者の点滴の針を抜いてしまうことはあまりお勧めしません。止血をする手間が増えてしまうからです。

　また、輸液をする際には留置針で要救助者の血管を刺し静脈路を確保します。その空間が狭隘になるほど活動は困難になり、手技に集中しすぎるあまり針刺し事故などが起きやすくなります。留置針には、針刺し防止機能が付いているものが多いとはいえ、可能性がゼロでない限り適切な管理をする必要があります。「救出中に、落ちていた針が刺さる」可能性もあります。針が刺さって恐ろしいのは、傷を負うことよりも、感染なのです。処置を実施する者だけでなく、補助に当たる者も強い意識を持ち、二次災害防止策の一つとしてチーム全員で針刺し事故の防止に努めることが重要です。

(6) 資器材説明の終わりに

　普段救急活動に従事しない隊員にとって、なじみの薄い医療資器材ですが、要救助者の救命率を向上させるために、少しずつでも理解をしていくことが大切です。同じチームのメンバーとして医療関係者が狭隘空間に進入して活動する際には、全面的にサポートできるようにしておくことが要救助者を助けることにつながります。

　心電図モニターやパルスオキシメーターは、観察するためにとても有効な資器材ですが、先に説明したように弱点や特徴があります。心電図モニターに波形がピコピコ出ていても、脈が触れなければそれは無意味です。SpO_2が高値を示していても、呼吸状態が悪ければそれは何か問題があるのです。

　要救助者の観察は、資器材による観察結果と五感をフルに活用した観察結果をあわせて、総合的に評価することが大切です。

KENGO君

K：なんか思ってたより、救急の資器材は取り扱いが簡単ですね。
S：俺たちが使う可能性のあるパルスオキシメーターや心電図モニター、加圧バッグ、どれも使い方は簡単だ。
K：はいっ、油圧式救助器具の方が難しいです。
S：はっはっはー、確かに！　だが、油圧式救助器具は俺たちの7つ道具だ。完璧にしとけ！
K：はいっ！
S：カリフォルニアの救命士から紹介してもらった資器材のパッキング方法を見せよう。狭隘空間はほこりなどの汚れが充満している。だから、使う予定の医療資器材を使う順番の後からラップで巻いていくんだ。使う時にはラップを開きながら使っていく。汚染を最小限にする技だな。
K：簡単な方法だけど、効果がありそうですね。
S：命名！　カリフォルニアの救命士に聞いたから、カリフォルニアロール！　どうだ！
K：びっ、微妙です。
S：……

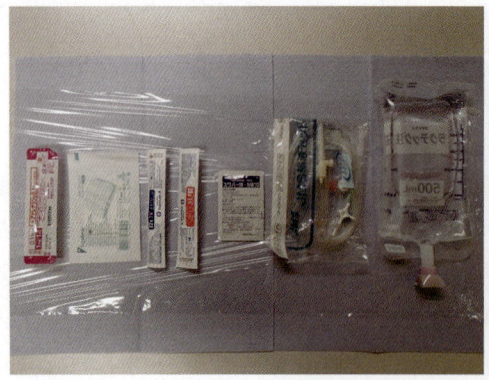

写真5－27　カリフォルニアロール

3 CSRMにおける救急活動

　さて、CSRMで使用する医療資器材については理解できたでしょうか。普段使い慣れない医療資器材に関しては、訓練で使いながら細かいところは覚えていっていただければよいと思います。
　ここからは震災時の現場において、救助隊員が要救助者と接触した際に観察すべき事項・観察手順、そして医療関係者と連携する上での救助隊員の役割、そして瓦礫災害時に見られる病態について説明します。
　CSRMにおいては、救助隊員と医療関係者との連携がとても大切です。そして連携していく上で、救助隊員の役割が非常に重要になってきます。

1 基本的観察事項

　観察する事項は、意識・呼吸回数・呼吸の性状・脈拍・脈拍の性状・体温・皮膚の湿り気・痛み刺激に対する反応・四肢麻痺の有無・眼瞼結膜・CRT（毛細血管再充満時間）など多岐にわたります。しかし、現場で全ての事項を観察して、報告していたら、時間が多く取られてしまいますので、それぞれの現場に応じて、臨機応変に対応することが大切になります。目標としては、救助隊員の誰もが上記事項の的確な観察ができること、その結果を全員が理解できること、そして何よりも、要救助者に対して、隊全体が共通の認識を持って適切な対応が取れることが重要です。
　要救助者を一人でも多く助けるためには、正確な観察が第一歩です。
　狭隘空間からの救助活動は、スクープアンドランを行うことが困難な場合が多いので、測定したバイタルサインから、その後の容体変化を予測するために、呼吸数や脈拍数はできるだけ正確に測定します。観察の際、15秒観察（カウント）して4倍する方法や10秒観察して6倍するという方法は、「1回」数が抜けると「4回」、「6回」と回数に誤差が出ることを認識しましょう。

写真5-28　より正確な数値を測定するため1分間の脈拍観察

① 状況評価

挟まれ、閉じ込め状況などを目で確認して、外傷部位を推定し、そして、要救助者の訴えを聞いて、状況把握をします。

② 初期評価（呼吸数や脈拍数の正常値は成人の正常値です。）

第一印象を把握します。「分かりますか？」「お名前は？」などと話し掛け、それに対する反応によって緊急度の全体像を把握します。

　A　気道の評価　呼び掛けに対して返事があれば（A）はOK。

　B　呼吸の評価　呼び掛けと同時に前頸部や胸部に目をやり、（B）を観察します。呼吸数の正常は14～20回/分です。

　C　循環の評価　皮膚所見、脈拍数、CRTを観察します。脈拍数の正常値は60～100回/分です。

　　CRTとは、爪床又は小指球を圧迫し、再充満までの時間が2秒以上であれば末梢循環不全があるということです。環境条件などに影響を受けることもありますが、簡単に観察できますので循環の指標の一つとして評価しましょう。

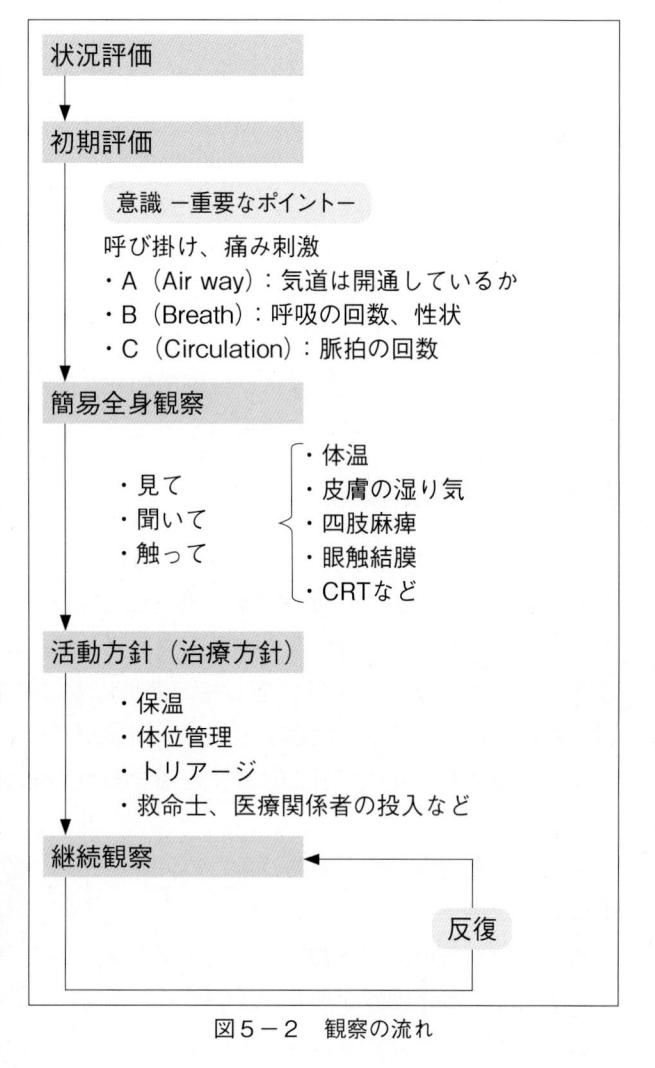

```
状況評価
　↓
初期評価
　　意識 －重要なポイント－
　　呼び掛け、痛み刺激
　　・A（Air way）：気道は開通しているか
　　・B（Breath）：呼吸の回数、性状
　　・C（Circulation）：脈拍の回数
　↓
簡易全身観察
　・見て　　　・体温
　・聞いて　　・皮膚の湿り気
　・触って　　・四肢麻痺
　　　　　　　・眼触結膜
　　　　　　　・CRTなど
　↓
活動方針（治療方針）
　・保温
　・体位管理
　・トリアージ
　・救命士、医療関係者の投入など
　↓
継続観察 ← 反復
```

図5－2　観察の流れ

③ 簡易全身観察

救出に必要な最低限の観察「見て、聞いて、触って」を実行します。

「見て」：外傷部位を見て出血の有無などを確認します。

「聞いて」：要救助者の訴えを聞いて確認します。

「触って」：可能な範囲を触って脊損の有無、骨盤骨折の有無を確認し、保護すべき部位を特定します。

男性隊員が要救助者の観察に当たる際には、「触って」は注意してください。いくら災害現場とはいえ、女性に触れる時は、セクハラ行為と間違われないように、最大限注意を払うことも大切です。

現場での対応ですが、きちんと要救助者に声掛けをしながら、必要な観察を実施すれば問題はありません。しかし、嫌がられたら決して無理をしてはいけません。観察や処置の必要性を説明して了解を得てから実施しましょう。

④ 活動（治療）方針の策定

初期評価が安定している、つまりトリアージタッグが（緑）、（黄）の場合は、安全性、確実性を重視して、活動（治療）方針を立ててください。

初期評価が不安定、つまりトリアージタッグが（赤）の場合で一刻を争うような状況では、安全性に配慮しつつもスピードを優先して、活動（治療）方針を立ててください。状況によっては救命士、医療関係者を投入して安定化を図ってから、救出する方針もよいでしょう。

⑤ 継続観察（反復評価）

基本は、声掛けをして、それに対する反応を見て、意識レベルを評価します。

意識レベルが低下した場合は、気道、呼吸数、脈拍数、外出血の有無を再確認します。

救出には時間がかかりますので、必ず、反復して継続的に要救助者の評価をすることが大切です。

⑥ 救出後再評価

安全なエリアに救出した後は、再度、意識レベル、気道、呼吸数、脈拍数、外出血の有無を確認し、挟まれていた部位、見えなかった部位の観察も忘れずに行ってください。

⑦ 救急隊への引き継ぎ

瓦礫の下から救出できたら、地元の救急隊へ引き継いでください。もちろん、このとき大切なことは、申し送りです。要救助者がどのような状況で挟まれていたか、救出までにどのような処置を行ったか、救出にかかった時間など、情報を過不足なく正確に伝えてください。

写真5-29　医療関係者への引き継ぎ

表5-1　年齢別体重とバイタルサイン

年齢	体重 (kg)	呼吸数 (/分)	脈拍 (/分)	収縮期血圧 (mmHg)
新生児	3～4kg	30～50	120～160	60～80
6か月～1歳	8～10kg	30～40	120～140	70～80
2～4歳	12～16kg	20～30	100～110	80～95
5～8歳	18～26kg	14～20	90～100	90～100
8～12歳	26～50kg	12～20	80～100	100～110
13歳以上	＞50kg	12～16	60～90	100～120

〔ITLS日本支部 訳. 救急救命スタッフのための小児ITLS. 第2版. 大阪, メディカ出版, 2011[International Trauma Life Support. Pediatric Trauma Life Support For Prehospital Care Provider, 3rd Ed, 2009]〕

2 CSRMにおける救助隊員の重要な役割

(1) 要救助者に対する観察・処置

要救助者の存在が特定された時点から、たとえその姿が見えなくてもボイスコンタクトにより励まし、挟まれなどを把握して、要救助者の容体を判断します。要救助者に接触後は改めて目視で挟まれなどを確認し、バイタルサインの測定と容体観察を行います。状況によっては、パーシャルアクセス（部分的接触）しかできないこともあります（写真5-30、写真5-31）。

パーシャルアクセスのみで処置が困難な場合でも、自己紹介をして、励まし続けることが大切です。会話をすることで要救助者に安心感を与えることができ、さらに要救助者の変化にも気付くことができます。ただし、不用意な言葉や会話には十分気を付ける必要があります。隊員同士の会話も聞こえている可能性があります。

パーシャルアクセスでは、要救助者の容体を把握するだけでなく、要救助者がいる空間、受傷時の状況などについても把握できれば医療活動のみならず、救助活動にも活かすことができ

写真5-30　パーシャルアクセスでの容体観察

写真5-31　足部のパーシャルアクセス

ます。また、SAMPLEやGUMBA聴取（マメ知識参照）もできればよいでしょう。ただ、救助者が質問するだけでなく、要救助者の訴えを聞き、対応することも重要です。可能であれば、アクセス可能な部分から要救助者にライトや水分、保温用のブランケットなどを手渡すだけでも精神的、身体的、両面のケアにつながります。

要救助者がどのような状況でいても観察の流れ（P.66「図5-2」参照）は変わりません。

観察の流れとバイタルサインのとり方を繰り返し復習して自分のものにしておくことが大切です。

マメ知識　要救助者からの情報聴取

SAMPLE
- **S**ymptoms：症状
- **A**llergies：アレルギー
- **M**edication：内服薬
- **P**ast medical history：病歴
- **L**ast oral intake：食事などの最終摂取時刻
- **E**vent preceding the incident：なにが起きたか

GUMBA
- G：原因
- U：訴え
- M：めし（最終摂取時刻）
- B：病気（病歴・内服薬）
- A：アレルギー

(2) 救助活動と医療活動の調整

　CSRMでは、救助活動と医療活動のバランスが非常に重要となります。医療活動が過ぎれば救助活動が進みませんし、逆に救助活動のみになれば要救助者の容体が不安定になりかねません。そのため、救助隊員は、救助活動と医療活動の両方を熟知することが重要になります。状況によって、どちらの活動を優先させるべきかを判断し、両者の活動を調整する役割が救助隊員には求められます。救出後の現場での医療処置の有無と場所、搬送手段、搬送経路などについての調整も必要です（P.52「写真5－2」参照）。

写真5－32　医療関係者と連携した救助活動

　救助隊と医療関係者は、普段なかなか連携を取ることは少ないかもしれませんが、他職種が活動を共にするに当たり、お互いがコミュニケーションをしっかり取ることが大切になってきます。

(3) 医療活動の補助、安全管理

　狭隘空間内で活動できる人数は限られますので、救助隊員には、医師あるいは看護師の行う活動を補助する役割が求められます。静脈路の固定、輸液セットの調整、気道管理の補助、止血、固定処置など、行われる可能性のある処置について、医療関係者が進入する前に十分に話し合い、処置の手順や介助の方法、トラブル時の対応などについて確認しておくことが大切です。

　安全管理の観点では、医療関係者は狭隘空間などの環境に慣れていないこと、さらには要救助者への処置に集中するあまり、安全に対する意識がおろそかになることも多いので、救助隊員は、常に安全確保に留意することが必要です。

　そういった点から、医療活動が展開されている間だけでなく、医療関係者が入って、出てくるまでの安全管理も必要になってきます。

　また、救助隊でも可能な観察や処置をするために医療関係者を狭隘空間に進入させることは避けた方がよいでしょう。本当に必要な進入であるかを十分に検討する必要があります。このような判断も救助隊に求められる安全管理の一環です。

　医療関係者は、自分自身の狭隘空間への進入が大変危険なことであると自覚する必要があります。

　安全かつ質の高い活動を行うには平時からの連携訓練が必要です。さらにお互いに顔の見える関係が非常に大事です。

　顔の見える関係が構築できていることで、現場でのコミュニケーションもよく取れて、お互いにスムーズに活動ができます。普段から、地元の消防機関と医療機関が連携を取って、顔の見える関係を築いておくことが重要です。

❸ 瓦礫災害時に起こりやすい病態

　瓦礫災害時に起こる可能性のある病態としては、骨折、裂傷、多発外傷、頭部外傷、ショック、脱水、粉塵による障害、危険物による汚染・障害、低体温、クラッシュシンドロームなどがあり、その中で粉塵による障害やクラッシュシンドロームは瓦礫災害時の特殊な病態です。一方、骨折や頭部外傷、ショックなどは日常の救急救助現場でも見られる病態でもあり、普段から病態、処置などの学びを深めておくことができる病態です。

　ここでは、特殊な病態を中心に「脱水」、「粉塵による障害」、「危険物による汚染・障害」、「ショック」、「コンパートメント症状群」、「低体温」、「クラッシュシンドローム」の病態と対応について説明します。

(1) 脱水

　体内の水分が発汗や排尿など、何かの理由で減少し、正常値以下になった状態をいいます。

　症状は、年齢や脱水になった状況などで変わります。口渇から始まり、脱水の進行に伴い口唇や粘膜の乾燥、尿量減少、頭痛、全身倦怠感、食欲不振、めまい、嘔気・嘔吐などが認められます。

　重症になるとショック状態に陥る場合もあるので、注意が必要です。ツルゴール反応、皮膚の緊張を見るのも現場で可能な観察所見の一つです。脱水の治療は、一般的に静脈路確保による輸液になりますが、軽症の場合、経口による水分の補給でも回復を期待できます。脱水により意識状態が悪くなっている要救助者に水分を経口で投与する場合は、嘔吐による誤嚥、窒息のリスクもありますので、十分注意が必要です。重症の治療の第一選択は静脈路確保による輸液となります。脱水の種類によって、輸液の種類は変わってきます。

表5-2　脱水の種類

・高張性脱水（高ナトリウム性脱水）：主にナトリウムより水分が喪失される脱水
・低張性脱水（低ナトリウム性脱水）：ナトリウムが水分より多く失われる脱水
・等張性脱水：両方失われる脱水

(2) 粉塵による障害

　倒壊時に発生した粉塵は、気道に吸入されたら呼吸障害を起こし、目に入ると眼障害を起こします。また、耳に入ることもあり、耳の中で炎症を起こす原因になることもあります。さらに、一旦落下し床にたまった粉塵が、救助活動により再び舞い上がることにも留意しなければなりません。要救助者と接触できた段階で、マスク、ゴーグル、耳栓などのPPEを渡すようにしましょう。

(3) 危険物による汚染・障害

　あらゆるものが危険因子になり得ます。見えている危険因子はもちろんのこと、一酸化炭素などの有毒ガス、低酸素状態、危険物の流出や揮発性物質への引火爆発の危険性などの見えない危険因子にも十分注意が必要です。また、脱出後は危険物などの暴露を想定した除染も必要となります。

(4) ショック

　ショックとは、何らかの原因で体の主要臓器への有効な血流が低下し、その機能が保てなくなる状態です。出血による循環血液量減少性のショックは代表的ですが、非外傷性でもショックは発生します。

ショックの分類：①循環血液量減少性ショック、②閉塞性ショック、③心原性ショック、④血液分布異常性ショック（アナフィラキシーショック・神経原性ショック・感染性ショック）。

　外傷で多いのは、大量出血による循環血液量減少性（出血性）ショックと閉塞性ショックです。

　出血性ショックは、血圧だけを頼りにしていると早期に認知ができません。皮膚所見、CRT、脈拍、呼吸、意識レベルなど総合的に観察し早期発見に努めることが重要です。

　ショックの5徴候として、①蒼白、②虚脱、③冷や汗、④脈拍微弱、⑤呼吸不全があります。

　これら5徴候はモニターや血圧計などがなくても、要救助者に実際に見て触れて観察することでショックを早期に認識することが可能です。

　ショックを認知すれば、酸素投与、初期輸液療法を開始し、ショックの原因検索、止血などが必要になってきますが、狭隘空間でできる処置には限度があります。さらに医療関係者がすぐに来るとは限りません。体位管理などのできる処置を的確に行うことが大切です。

マメ知識　出血量の目安（P.50参照）

血胸	1,000〜3,000ml
上腕骨骨折	300〜500ml
腹腔内出血	1,500〜3,000ml
骨盤骨折による後腹膜出血	1,000〜4,000ml
大腿骨骨折	1,000〜2,000ml
下腿骨折	500〜1,000ml

＊参考：30cm四方の出血⇒約100mlの出血に相当

---

(5) コンパートメントシンドローム（筋区画症候群）

　筋群の多くは、筋膜、骨、骨膜などで囲まれ筋区画を形成しています。言い換えると、伸縮性のない膜で包まれた空間に筋組織が収まっている状態です。筋組織の収まった空間（筋区画）の容積は可変し難く、筋区画内の圧が上昇すると、循環障害のために内在する神経、筋が損傷を受けます。このような状態をコンパートメントシンドロームといいます。外傷では骨折に伴う血腫や筋損傷による浮腫が内圧を上昇させます。

　症状として疼痛、蒼白、脈拍消失、異常感覚、運動麻痺を認めます。特に患部を伸展させると疼痛が増強するといわれています。ただし、末梢神経外傷などでは疼痛を認めない場合があります。

(6) 低体温

　低体温は、CSRMの要救助者で重症化した多くの方に発生していたといわれています。

　低体温には、「組織代謝の抑制から起こるもの」と「輻射、伝導、対流などの熱の移動から起こるもの」があります。特に、コンクリートなどに直接体が接した際の体温喪失は非常に大きいので、アルミ製の保温フイルムで包むとともに、毛布や段ボール片、身近なものでは防水シートなどを断熱材として使うと効果的です（写真5－33、P.44「保温保護」参照）。さらに長時間脱出不能になった要救助者は失禁して、自分の尿などにより体温を奪われます（写真5－34）。尿と同様に発汗や雨などによって、体が濡れているものと接触していても体温は奪われやすくなります。低体温に陥った場合、体温を上昇させようとする反応（寒冷反応）が見られ、酸素消費量も増加します。体熱の喪失が熱産生を上回るようになると、体温は徐々に低下します。また、低体温は各重要臓器にも悪影響を及ぼします。

　さらに低体温は、出血傾向（凝固異常）と代謝性アシドーシスという状態からなる「死の三徴」の一つです。早期に対応して、予防することが重要です。

　クラッシュシンドロームでは、救助活動の際に致死的不整脈の出現の可能性もあります。しかし、低体温が進行すると、致死的不整脈（VF・無脈性VT）の際に電気ショックを実施しても効果がない場合があります。狭隘空間での保温は困難な活動の一つだと思われますが、要救助者にとって非常に大切な処置の一つです（P.46 マメ知識参照）。

写真5－33　保温保護の有効性
パッキング（保温保護）を実施していない場合は、体温を奪われ低体温に陥ってしまうと同時に、救出時の外傷も考えられます。下の写真のようにパッキングすることは要救助者にとって、医療処置に匹敵するぐらい効果のあることになります。

写真5－34

(7) クラッシュシンドローム

　クラッシュシンドロームとは、体の一部が長時間挟まれるなどして圧迫された場合に、その解放後に起こる様々な症候のことを指します。

　体の一部、特に四肢が長時間圧迫を受けると、筋肉が損傷を受けます（P.74 マメ知識参照）。

　圧迫された状態から解放されると、圧迫により壊死した筋細胞からカリウム、ミオグロビン、乳酸などが血液中に大量に漏出し、それらによって、様々な症状が引き起こされます。クラッシュシンドロームを発症すると、意識の混濁、チアノーゼ、失禁などの症状が見られます。ほかにも、高カリウム血症により心室細動、心停止が引き起こされたり、ミオグロビンにより腎臓の尿細管が壊死し、急性腎不全を起こしたりします。重要な症状と身体所見として、バイタルサインは安定、軽い興奮状態、意識は清明、皮膚の紅斑・水疱形成・壊死（皮膚状態は閉鎖空間では観察困難の時もあり）、患肢の知覚運動麻痺、ミオグロビンによる褐色尿（ポートワイン尿）と、尿量減少があります。

写真5-35　重量物に圧迫されている要救助者の容体観察

　現場において、尿が少しでも出ているか、全く出ていない状態かなどは、大変重要な情報です。

　クラッシュシンドロームは、粉塵による障害とともに、瓦礫災害で見られる特異的な病態の一つです。

　では、手足が重量物に挟まれていたら、どうしたらよいのでしょうか？

　要救助者を助け出すためには、挟まれた部位を解放してから救助しなければなりませんが、その時に注意が必要となります。その注意を怠ると、場合によっては要救助者の死に直結する危険性があるということを認識しておくことが重要です。

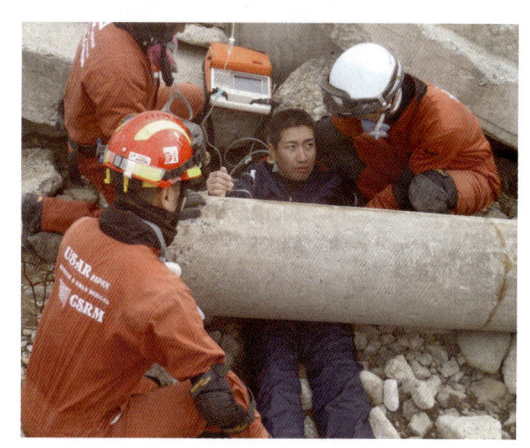

写真5-36

❹ 重量物に圧迫されている要救助者の救助方法

(1) 重量物を取り除くときの注意事項

　要救助者を発見して、重量物などが体の一部を圧迫している場合には、要救助者の状態を観察して、意識があれば本人から状況を聞きます（写真5－36）。1時間以上経過している場合には、すぐには重量物を取り除かないようにして、医師に相談するようにしましょう。

> **マメ知識　クラッシュシンドローム**
>
> 　クラッシュシンドロームは、一般的に全身の筋肉の30％が損傷すると重症度が高くなり、4～6時間以上の重量物による圧迫で発生すると言われています。救助活動時には、挟まれている筋肉量の観察と挟まれていた時間の判断が重要です。目安として、成人の骨格筋の体積分布は、上肢1本が約15％、下肢1本が約30％です。
>
> 　筋肉の損傷の程度は、挟まれていた時間だけでなく、挟まれる圧力によっても変わります。挟まれていた時間が1時間～2時間程度でもクラッシュシンドロームが発生したという事例もありますので、十分な観察を行い、アンダートリアージにならないように注意が必要です。

(2) 重量物を取り除く前に必要な処置

　1時間以上挟まれている状態のときで要救助者が水を飲める場合は水分補給、酸素投与、生体情報モニター（心電図、パルスオキシメーター、血圧計）の装着、毛布などによる保温を行ってください。水分補給をするときには、誤嚥に十分注意して、無理に飲ませないようにしてください。生体情報モニターは、心室細動など致死的不整脈の発現を監視するために使用します。挟まれている状況下では大量急速輸液（1ℓ以上）を行い、血液中の毒素を希釈します。そのほかに、患部の心臓に近い側をゴムバンドなどで締めることで、救出直後に急激にカリウムが心臓に回るのを防ぐことができる場合もありますが、あくまで応急処置であり、また締め付けすぎでは悪化を招く場合もあり、欧米では推奨されていない行為です。状況によっては、患肢の切断も考慮されることもありますが、年齢、全身状態、合併症、損傷の程度など要救助者の状態のほか、処置スペースの有無や救出までの時間、さらには医療関係者の資器材や能力もその判断要素になってくると考えられます。

補足事項：現場で行う輸液は、生理食塩水1500ml/hを基本に循環動態を見ながら調整します。必要により、炭酸水素ナトリウム（メイロン）を投与します。INSARAG（国連国際捜索救助諮問グループ）のMedical Guidance Noteでは、「現在、クラッシュに対する現場輸液で明確なエビデンスを有する絶対的なレジメはない。」とされていますが、「過去の災害経験などから、重量物除去前の8.4％炭酸水素ナトリウム（成人で50ml静注）の早期投与を推奨する。」とされています。最新の情報は、INSARAGのMedical Guidance Note（http://www.insarag.org/en/methodology/guidance-notes.html）を確認してください。

(3) 狭隘空間内での要救助者の処置に必要な物品

　気道・呼吸管理物品、輸液、輸液ルート、針、駆血帯、アルコール綿、固定用テープ、加圧バッグ、針捨て、モニター類（心電図、パルスオキシメーター、血圧計）、AED、毛布、アルミシート

(4) 救出後の処置

　大量急速輸液（1l/h以上）を続け、迅速に血液浄化療法を行うために、高度医療機関へ搬送します。
　病院の選定にあたっては、輸液、人工透析、人工呼吸、感染対策、抗DIC治療、減張切開（減張切開は賛否両論です。）の管理ができる病院を選定するのが望ましいです。

　最後に病態とは少し異なるかもしれませんが、ペインコントロール（疼痛管理）についても触れておきます。外傷の多くは疼痛を伴います。疼痛は血圧の変化や出血の助長、酸素消費量の増加、脳圧の上昇、また、心理的な問題をも引き起こします。これらは救助隊にも精神的負担を与えかねません。救助活動においては、疼痛管理も必要になってきます。体位や肢位を調整することや固定などで疼痛が軽減することもあれば、薬剤を使用しなければならないこともあります。
　要救助者を移動させた後、体動を伴う処置などを行った後には疼痛の増強の有無を観察することも大切です。
　また、それぞれの病態と同時に、小児・妊婦・高齢者では解剖生理学的にそれぞれ特徴があり、バイタルサインにおいても正常値が異なってきます。それらを踏まえて、要救助者の観察を行うことが大切になってきます（P.67「表5－1」参照）。

第6章 総合訓練

1 訓練想定

　ここまでの内容はいかがでしたか？　ここからは今までの総集編となります。現場に到着してから要救助者を救出するまでの一連の流れを、総合訓練形式で説明し、今まで学んできた技術と知識を効率的に活用する方法について学びましょう。

　また、説明を行う上で皆さんがよりビジュアル的に理解を深められるように、実際の震災活動時において撮影された写真を掲載させていただいております。写真を提供してくださった消防士の皆さまに心から感謝し、震災に対する深い思いを胸に刻みながら進めていきましょう。

訓練想定
- 震度7（現在、発災から約6時間経過）
- 被害状況：多くの建物が倒壊及び半壊状態となり、多数の要救助者及び行方不明者が発生している。
- 与えられたエリアは、現時点で他隊による活動は行われていない。
- 活動場所が多く他隊との連携はできず、単隊のみで活動しなければならない。
- 活動隊の編成は救助隊1隊、隊長以下5名体制で、近隣消防本部の管轄区域で発生した大地震に対する応援のため出場してきたものとする。
- 使用可能資器材は、震災出場で通常積載する資器材にスケッドストレッチャー（ハーフタイプ）、保温保護用の防水シート、情報進入管理用ホワイトボード、パルスオキシメーターなどの観察キットを加えたものとする。
- 隊員の個人装備としては、PPEを装備する。
- 要救助者用防護装備（要救助者用PPE：ヘルメット、防塵マスク、ゴーグル）も準備する。

S：KENGO！　4番員として訓練に参加するぞ。大丈夫か？
K：はいっ！　大丈夫です。頑張ります。
S：よし！　今まで学んだことをしっかりと思い出しながら、活動するんだぞ。
K：分かりました！

KENGO君

2　総合訓練実施

《活動準備》

隊　　長：間もなく、訓練現場に到着するぞ。全員、現場到着前に感染防ぎょを徹底すること。要救助者に接触するときはゴム手袋の着装は必須。必要に応じてガウン・ゴーグルを着装しろ。その上でPPEの完全着装を徹底しろ（説明①）。
　　　　　それと、現場は釘などが多数あることが予想されるため注意して活動しろ。もし、負傷したら軽微なものでも必ず報告しろ。感染症の予防のためだ。いいな！
全 隊 員：了解！
隊　　長：3番員（機関員）。車両の部署位置は、倒壊のおそれがある建物から離れた位置にしろ。建物の付近を通過するときは、倒壊に十分注意して走行すること。
3 番 員：了解！

> **説明①　PPE装備の重要性**
>
> 　現場に到着した際、状況によっては直ちにPPEを装着する必要があります。粉塵などが舞っている場合はなおさらです。
> 　PPEは、狭隘空間の現場で活動するための基本的装備となります。また、狭隘空間に閉じ込められた要救助者に対しても同様に必要な装備であり、落下物や粉塵などによる二次的受傷を防止するためにも可能な限り装着させる必要があります。

《現場到着》

隊　　長：到着！　よし、ここが活動現場だ。まずは、危険度判定を実施する（図6-1）。建物の外周を全員で確認するぞ。1階部分が座屈している（写真6-1）。RC構造の座屈階降下タイプだ。外観から判断して、座屈した1階部分の内部には50cmから1m程度の空間が存在する可能性がある。1、2番員はガス測定器を活用し、環境観察を実施せよ。3番員と4番員は周囲から関係者を探して、情報収集を実施せよ。

写真6-1　倒壊建物（座屈階降下タイプ）1階部分が座屈している。

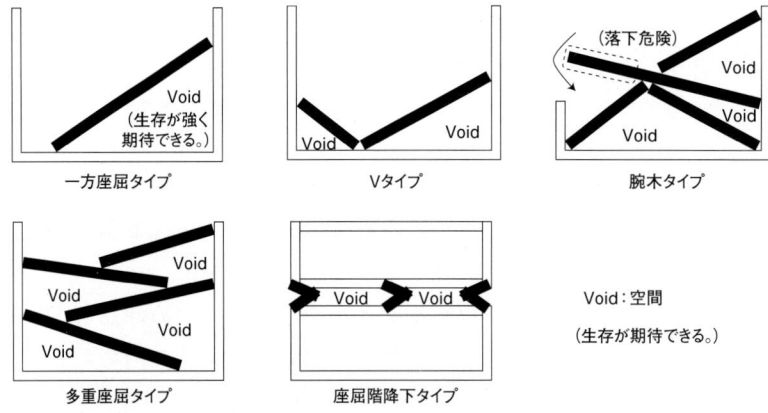

図6-1　倒壊建物のタイプ（「第1章」（P.3・4）参照）

《環境観察・捜索》

2 番 員：隊長！　ガス測定器反応なし。

全 隊 員：了解！

3、4番員：隊長！　3階の住人から、「2階・3階の居住者は既に避難していて、要救助者はいない。1階の4世帯のうち2世帯は連絡が取れている。」との情報あり。

隊　　長：よし！　安否確認が取れていない102号室と103号室を外部からの声掛けで捜索を実施する。4番員、周囲にいる人々に対して、サイレントタイムの必要性を説明し、完全な静けさを確保しろ！（説明②）

4 番 員：了解！

説明②　サイレントタイムの重要性

　サイレントタイムは、要救助者が発する「かすかな声や物音」を人間の聴力で聞くために静けさを作り出すことです。離れたところからでも隊員の耳に聞こえる音があれば、それはサイレントタイムの目的を達成できていないことになります。サイレントタイムの重要性を理解し、可能な範囲で徹底した「静けさ」を作る必要があります。

隊　　長：サーチ開始！

全 隊 員：誰かいますかー（繰り返し）

隊　　長：サイレントタイム！……

1 番 員：隊長！　反応あり！

隊　　長：全員集合！　反応の方向を特定するぞ！

隊　　長：……。よし！　要救助者の反応場所が分かってきたぞ。1番員は建物の重量計算と倒壊危険を確認しろ。2番員はショアリングに使用できる資材が付近にあるか検索しろ。3番員は活動スペースを確保しろ。4番員は要救助者に対する声掛けを継続し、可能な範囲でバイタル測定を実施せよ。

全 隊 員：了解！

《パーシャルアクセス》
4 番 員：私は救助隊のKENGOといいます。私の声が聞こえますか？ 聞こえたら返事をしてください。
要救助者：聞こえます！ 早く助けて！
4 番 員：（意識レベルはよいな。声に張りがあり、呼吸も普通のようだ。でも、少し興奮状態だな。）あなたの姿は見えませんが、すぐ近くに私たち救助隊がいます。これからあなたを助けます。絶対に助けますから決して諦めないでください。
要救助者：分かりました。
4 番 員：幾つか質問させてください。お名前と年齢を教えてください。
要救助者：名前はクシヤです。年は34歳です。
4 番 員：（声から判断して）男性ですよね？
要救助者：そうです。
4 番 員：クシヤさん。どこか、痛いところはありますか？ あと、寒くないですか？
要救助者：背中が痛くて、とても寒いです。あと、足が挟まれていて動けません。一体何が起こったのですか？ 地震ですか？
4 番 員：背中が痛くて足が挟まれているのですね。分かりました。クシヤさんは地震で倒壊した建物の中に閉じ込められています。無理に動かないでください。
要救助者：……はい。
4 番 員：痛いところから血は出ていますか？
要救助者：血が出ているかはよく分かりません。
4 番 員：挟まれているのはどの部分ですか？
要救助者：両足が挟まれています。
4 番 員：足は動かせますか？
要救助者：左足は動きますが、右足は動かせません。右の太ももが挟まれていると思います。
4 番 員：その右足に、しびれなどは感じますか？
要救助者：しびれがあります。それと感覚が少し鈍いような感じがします。
4 番 員：（圧挫による知覚運動麻痺があるようだ。それとも脊髄損傷だろうか？ 圧挫骨格筋の体積が30％であれば、クラッシュシンドロームの可能性があるな。）右足にしびれがあるのですね。分かりました。何に挟まれているか分かりますか？
要救助者：よく分かりません。
4 番 員：クシヤさん。自分で脈拍を測ることはできますか？
要救助者：……ちょっと、難しいです。
4 番 員：そうですか。無理はしないでください。周りに何か見えますか？
要救助者：暗くてよく見えませんけど、コンクリートですかね？ 瓦礫に囲まれているように見えます。
4 番 員：地震に遭った時に誰かと一緒にいましたか？ 近くに人がいますか？
要救助者：いいえ。1人でした。周りには誰もいないと思います。
4 番 員：クシヤさんは今どういう体勢ですか？ 寝ていますか？ 座っていますか？

要救助者：寝ています。
4番員：上を向いていますか？　下を向いていますか？
要救助者：上を向いてます。
4番員：分かりました。あなたを助けるために頑張ります。一緒に頑張りましょう！（しばらく世間話をして励まそう。SAMPLE聴取も今のうちに。）私たちは、隣町から来た救助隊です。出身も隣町です。クシヤさんの出身はどちらですか？……

> **説明③　声掛けの重要性**
>
> 　狭隘空間内に、長時間閉じ込められている要救助者の精神状態は不安と恐怖でいっぱいです。その不安と恐怖を取り除くためにも要救助者への声掛けは重要な要素となります。たとえ要救助者の姿が見えない状態であっても、救助者側の声が聞こえ、会話が可能となれば励ますことができます。しかし、ここで重要なのは、声が聞こえるということは、救助者側同士の会話も聞こえるということです。「だめだ！　この状態では救出できない！」とか「救出まで時間がかかるな！」などといった不注意な会話は要救助者の不安を増幅します。長時間、劣悪な環境に閉じ込められていた要救助者は精神的に追い詰められていることが考えられ、絶望させるような発言は厳禁です。
>
> 　声掛けは、要救助者救出の重要な要素であると同時に、要救助者の不安を増幅させる要素でもあるということを念頭に置く必要があります。要救助者自身が生きる希望を持てるような会話と説明を心掛けることが大切です。
>
> 　過去には、要救助者への献身的な声掛けにより、弱くなってきた橈骨動脈での脈拍が強くなったとの事例もあり、声掛けや、手を握るといった行為が非常に有効であるといわれています。

> **説明④** 「クローズドクエスチョン」と「オープンクエスチョン」
>
> 　クローズドクエスチョンは、YesかNoで回答ができるような質問で、オープンクエスチョンは、自由に幅のある回答ができる質問です。
> 　クローズドクエスチョンは、分かりやすい回答を得ることができる代わりに、会話が終わってしまうことがあります。日常会話では、オープンクエスチョンの方が会話が弾み、よいコミュニケーションが取れるといわれています。
> 　災害現場では早い段階で必要な情報を的確に収集しなければなりません。この場合、クローズドクエスチョンを効果的に使うことで要救助者も回答が楽になり、救助者側も知りたい情報をスムーズに収集することができます。複数の質問を一度にする（スクランブルクエスチョン）と回答が難しくなりますので、回答が一つになるクローズドクエスチョンで質問してあげましょう。
> 例：日常的な会話　　オープン　　　：「この仕事はいつまでにできますか？」
> 　　　　　　　　　　クローズド　　：「明日までにこの仕事は終わりますか？」
> 　　災害現場　　　　オープン　　　：「あなたはどういう状態ですか？」
> 　　　　　　　　　　スクランブル：「頭痛やめまいや吐き気はありますか？」
> 　　　　　　　　　　クローズド　　：「頭痛はありますか？」

《活動スペースの確保》

3番員：隊長！　建物南側のブロック塀を越えたところに駐車場があります。活動スペースとして安全が保たれています（写真6-2）。

隊　長：よし、活動スペースを駐車場に設定する。

写真6-2　活動スペース

第6章　総合訓練

> **説明⑤　CSRM開始前の確認事項**
>
> 　CSRMを開始する前には、幾つかの確認事項があります。
> 　まず1つ目は、これから活動を開始するエリアが活動可能な範囲の安全性があるかどうかを見極めることです。倒壊若しくは損壊している建物の外周を確認し、建物やその周りにある危険因子を把握し、可能な範囲で危険排除を行います。また、可燃性ガスの漏えいや酸欠・漏電などの危険性、余震の状況、気象などの環境観察を継続的に行う必要があります。特に、地震などの大規模災害時においては、活動場所が広範囲になることから、測定器などの不足が予想されます。そのような場合は、五感を活用し、可能な範囲で環境観察を実施します。
> 　2つ目は、活動スペースの確保です。円滑で効率的なCSRMを実施するためには、可能な範囲で安全性が保たれた活動スペースを確保する必要があります。建物などの倒壊により、瓦礫などが散乱した現場は起伏が激しく、多くの危険因子が点在します。そのため、活動拠点となるスペースは、比較的平坦であり、現場全体が見渡せる場所が理想的です。また、使用する資器材を集結させたり、他機関との調整、隊員の休憩場所などについても可能な範囲で確保することが必要です。

《建物重量計算・木材の検索》

1　番　員：隊長！　建物の重量は2階と3階を合わせて448トン。救助スペースをショアリングするには180トン程度（説明⑥）を支えなければならないので現状では困難です。ポストショアもスペースがないので困難です。建物は現在のところ、傾きはほとんどありませんが、傾斜が進行した場合、重量オーバーのため、外部からのレイカーショアでは支えられません。

隊　　長：よし、内部のショアリングは当て木で対応する。建物の傾斜を見るため、傾きマーカーを実施しろ。

> **説明⑥　倒壊建物の重量計算**
>
> 　RC住宅の一般的な単位面積当たりの重さ＝1,400kg/㎡
> 　被災建物　　1階層の面積　　20m×8m＝160㎡
> 　　　　　　　2階と3階の総面積　160㎡×2＝320㎡
> 　　　　　　　2階と3階の総重量　320㎡×1,400kg＝448,000kg＝448トン
> 　救助スペースにかかる重量
> 　　RC造の建物で柱1本が支える重さ　1階層で90トン×2＝180トン
> ※詳細については、全国救護活動研究会ホームページ（http://csrm.boo.jp/）を参照ください。

2　番　員：隊長！　近くに木材販売所があります。ショアリング実施時には資材を提供してもらえそうです。販売所の方にお願いしておきました。

隊　　長：よし、必要時には資材を提供してもらおう。

《救出計画の樹立》

隊　　　長：4番員、要救助者の状態はどうだ。

4 番 員：はい！　要救助者は34歳男性、名前はクシヤ。意識レベルⅠ－1、呼吸数、脈拍数は測定不能ですが、声に張りがあり、呼吸も普通に感じます。主訴は、背中の痛み、寒さ、下肢挟まれ。体位は仰臥位で、両下肢が重量物により挟まれており、左足は動かせるが、右大腿部から遠位側は動かせない状態。右下肢の知覚運動麻痺と背中の痛みを訴えているので、クラッシュシンドロームと脊髄損傷が疑われます。あと、低体温も疑われます。被災時は一人で、周囲に人は見えないようです。

隊　　　長：よし！　建物内へ進入するための開口部を設定するぞ！　2階ベランダ部分に第1進入口を設定する。1番員、2番員、ブリーチング資器材準備！　3番員と4番員は進入口前の不安定材を除去しろ（説明⑦・写真6－3）。不安定材除去後、3番員は安全管理を実施し、10分おきに傾きマーカーの確認をしろ。さらにガス測定器により環境観察を続けろ。4番員は進入管理を実施し、現在までの情報を情報進入管理板に集約しろ（P.86「図6－2」）。

全隊員。活動中にガスの臭いを感じたり、建物の倒壊危険の兆候があれば、即座に報告しろ。報告の暇がなければ即座に全員に周知しろ。緊急退避の合図について緊急退出時は警笛の短音3回を繰り返しとする。「ピッ！、ピッ！、ピッ！」この合図が聞こえたら、活動スペースに退避しろ。いいな！（説明⑧）

全 隊 員：了解！

説明⑦　安定材と不安定材の確認

　震災時の活動現場、つまり倒壊建物及び半壊建物周辺では多くの瓦礫が発生しています。活動開始時に安定材と不安定材を確認し、不安定材を除去しておくことが重要です。不安定材はそれ自体が活動の危険因子となります。不安定材を除去する作業と同時に安定材を確認します。安定材は「何らかの荷重がかかっている」ということになります。このことから安易に移動したり、切断したりすると思わぬ箇所が倒壊する可能性があります。

　移動することができない不安定材に対しては、マーキングを実施します（写真6－4）。

　鉄筋が突出していたり、鋭利な瓦礫がある場合には、ペットボトルや空き缶をかぶせたり、ガムテープなどで覆うなどの措置を実施します（写真6－5）。布などを縛って目立たせておくだけでも危険は軽減します。

写真6－3　不安定材の除去

写真6－4　瓦礫へのマーキング

写真6－5　突起物への措置

> **説明⑧　救出計画**
>
> 　救出計画は冷静に、そして綿密に組み立てなければなりません。
> 　震災で実際に活動した隊員から当時の活動状況を聞くと、1階の床を貫通させるブリーチング作業で40分から1時間という作業時間が必要になるとのことです。安易にブリーチング場所を決めると多大な時間を無駄にすることになりかねません。
> 　これは内部に進入した後の活動でも同様です。「進入し、要救助者と接触、その後に脱出する。」このようなシンプルな活動でも（状況にもよりますが）、15分から30分程度の時間を必要とします。
> 　要救助者の居場所がある程度特定できる場合には、建物の倒壊状況、特に「ずれ」をよく把握し、破壊活動から要救助者への接触ルートを選択し、救出計画を組み立てます。
> 　救出計画で重要な要素の一つが医療との連携です。要救助者の観察結果から救出時間に耐えられる状態かを判断し、救命に医療が必要だと判断された場合には早期に医療関係者を応援要請します。しかし、全ての現場で応援要請をしてしまうと医療関係者などの医療資源は不足してしまいます。この医療の必要性の可否については、日頃から検討しておく必要があります。
> 　また、デジタルカメラなどを活用して内部の状況を伝えることも考慮します。実際に内部の状況を外部で再現することで、より現実的な救出計画を組み立てることもできます。
> 　決定した計画は、情報進入管理板に書き入れ、隊員全員が常に行動計画を把握して活動するようにします。
> 　活動が進むにつれ、状況は刻一刻と変化します。臨機応変に意見を出し合い、時機を失しないように計画の見直しを実施します。

《ブリーチング開始》
1、2番員：ブリーチング資器材準備完了！
3　番　員：不安定材の除去及び不安定材へのマーキング完了！（写真6－3～写真6－5）
4　番　員：情報進入管理板への情報記載完了！（図6－2）
隊　　　長：よし！　ブリーチング開始！　ドリルで開口目標ポイントの中心に穴を開けろ。ドリルが深く入り過ぎないように注意しろ。その後、内部を棒カメで確認。要救助者の二次被害がないようであれば開口する。エンジン式の資器材を使用する場合は排気に注意しろ。環境測定を行い、換気を十分に行え。

《内部確認・ブリーチング実施》
1　番　員：内部確認、破壊建物背面に障害なし。北側へ少し離れた所に要救助者の足を確認。情報どおり仰臥位と思われる。足先から膝までが確認できる状態。
隊　　　長：よし！　隊員が進入できる大きさのブリーチングを実施しろ（写真6－6・説明⑨）。

写真6－6　ブリーチング実施状況

> **説明⑨　ブリーチング**
>
> 　壁面や床面などを破壊して進入口を設定する場合には、要救助者に対する二次被害と建物の二次倒壊に特別の注意が必要です。ファイバースコープや先端が屈折する棒カメなどの資器材がある場合には、ドリルで必要最小限の穴を開け、棒カメなどを差し込み、破壊物の裏面に要救助者がいないこと、又は一定の空間が開いていることを確認してからブリーチングを開始します。
> 　棒カメなどの資器材がない場合には慎重に状況を確認しながら実施します。
> 　破壊物の裏面に強固なものが存在する場合には開口させることができません。建物の構造をよく観察する必要があります。現場の経験から生まれた有効な手段として、大ハンマーなどで目的物をたたき、ほこりの踊る状況や振動の様子を見ることで、裏面及び破壊物の状況を推測することができます。
> 　ガス管や水道管などが障害物になる場合もあるので注意が必要です。また、ブリーチングの振動による二次倒壊や自ら開けた穴への落下などにも注意が必要です。

86　第6章　総合訓練

《ブリーチング完了》

隊　　長：よし！　ブリーチング完了！　2、3番員は進入し内部状況確認。1番員は安全管理に当たれ！

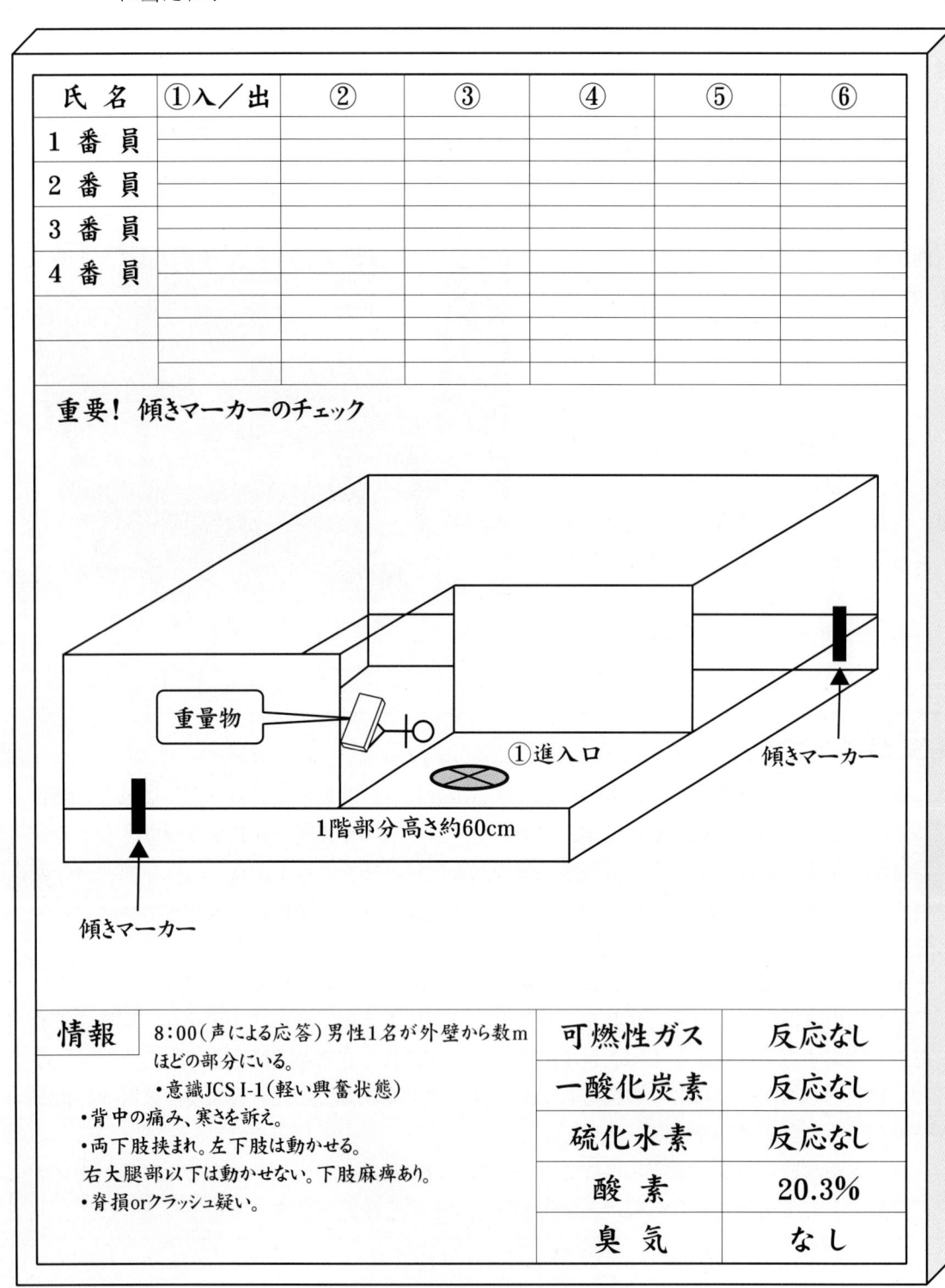

氏名	①入／出	②	③	④	⑤	⑥
1番員						
2番員						
3番員						
4番員						

重要！　傾きマーカーのチェック

重量物　　①進入口　　傾きマーカー

1階部分高さ約60cm

傾きマーカー

情報	8:00（声による応答）男性1名が外壁から数mほどの部分にいる。 ・意識JCS I-1（軽い興奮状態） ・背中の痛み、寒さを訴え。 ・両下肢挟まれ。左下肢は動かせる。 　右大腿部以下は動かせない。下肢麻痺あり。 ・脊損orクラッシュ疑い。	可燃性ガス	反応なし
		一酸化炭素	反応なし
		硫化水素	反応なし
		酸　素	20.3%
		臭　気	なし

図6-2　情報進入管理板（進入前）

《内部進入・要救助者の足部側から接触》

2 番 員：隊長、これ以上の瓦礫除去は不能、要救助者の足側からの搬出は困難です。要救助者の右の足先から膝までの接触が可能です。

隊　　長：よし！　4番員進入、基本活動時間は15分とする。要救助者の容体観察を実施しろ。あと、デジタルカメラを携行し撮影しろ。1、2番員、ブリーチングポイントの変更及び救出計画を変更する。3番員は4番員と交代し、進入管理を実施しろ。

全 隊 員：了解！

4 番 員：進入！（バイタルサイン測定資器材携行（写真6－7））。分かりますか？　先ほどから話をしていた救助隊のKENGOです。もう一度、あなたのお名前を教えてください。

要救助者：クシヤです。

4 番 員：今、クシヤさんを助けるために作業を続けています。クシヤさんの体の状態を観察させてください（両大腿部にタンスが載っているが、足先から膝まで目視可能、パーシャルアクセス可能）。つらいところはありますか？

要救助者：とても寒いのと足がしびれています。

4 番 員：（挟まれている足部をなるべく動かさないように注意しよう。この場所からは保温は難しいな。それと足のしびれはクラッシュシンドロームによるものか、寒さによるものか、脊椎損傷の可能性もあるのか？　呼吸の観察はできないな。まず脈拍を観察しよう。）分かりました。ちょっと右足を触りますよ。足先を触っていますが分かりますか？

要救助者：よく分かりません。

4 番 員：足は動きますか？　動かしてみてください。

要救助者：動きません。

4 番 員：そうですか（足背動脈は……触れない。皮膚の状態は……紅斑なし、腫れてもいない。）。足の指先に器具を付けますよ（パルスオキシメーターよし、……測定不能。次はしびれの方だな。）。クシヤさんは地震が起きた時に、どこか体を打ちましたか？

要救助者：地震が起きた時に、背中を強くぶつけました。その後、何か重たいものが足の上に倒れてきました。

4 番 員：分かりました。できるだけ体を動かさないようにしてください。足以外は挟まれていないのですね？

要救助者：はい。挟まれていません。

写真6－7　バイタルサイン測定資器材

4 番 員：地震が起きてからおしっこは出ましたか？
要救助者：出ていません。
4 番 員：何かで病院に通院していますか？
要救助者：特に病気はありません。
4 番 員：頭痛はありませんか？
要救助者：ありません。
4 番 員：めまいはありませんか？
要救助者：ありません。
4 番 員：吐き気はありますか？
要救助者：ありません。
4 番 員：身長と体重を教えてください（救出のための情報）。
要救助者：175cmで80kgです。
4 番 員：ありがとうございました。
　　　　（外に向かって）隊長！　観察完了！　報告します。
　　　　意識清明、呼吸は先ほどと変化なく、呼吸苦なし。脈拍、右足背動脈で触知不能。パルスオキシメーター測定不能。右下肢に知覚運動麻痺あり。腫脹などなし。発災時に背部の強打あり、頭痛なし、めまいなし、嘔気なし、失禁なし。なお、両大腿部にタンスが載っており挟まれている状況。タンスには倒壊した構造物が載っているが、破壊すれば隊員2名で除去可能。
隊　　長：了解！　4番員は内部に残れ。タンスの除去は指示があるまで行うな。また、要救助者の体温が熱伝導で奪われることを避けたい。可能なら要救助者とコンクリートや金属との間に少しでも毛布を入れ込め。ただし、脊椎損傷とクラッシュシンドロームを疑い、無理に動かそうとはするな。その後要救助者の継続観察を実施！　体力を使う活動は実施するな。救出計画を大幅に変更する（説明⑩・P.90「図6-3」）。
4 番 員：了解！

写真6-8　要救助者への接触　声が届く位置になったら励まし続けることが大切です。

説明⑩　救出計画の変更

　救出計画は、常に見直しを行い、臨機応変に対応します。状況の変化に応じた救出計画の変更は、CSRMにおける効率的な救助活動の第一歩です。情報進入管理板に情報が書ききれなくなった場合でも、古い内容は消さないようにします。新しく情報進入管理板を用意し、追記します（ベニヤ板にマジック書きでもよいでしょう）。全ての情報が、最終的に重要な情報となります。

《救出計画の変更》

隊　　長：よし！　救出計画の決定だ！　まず、建物のずれ及び梁があると思われる位置を考慮し、要救助者の北側、建物内にブリーチングを実施し、第2進入口を設定する。要救助者の受傷状況から救出時の容体悪化が懸念されるぞ。第2進入口は脊椎固定を実施しても救出可能な大きさとする。
　　　　　なお、ブリーチング後の内部瓦礫除去には3時間程度の時間が必要だ。要救助者のバイタルサインは安定しているが、クラッシュシンドロームの疑いがあるため医療と連携した活動を行い、脊椎損傷防止とクラッシュシンドロームによる容体悪化防止を主眼として救出する。1、2番員はブリーチング準備！　3番員は、この現場に医療関係者が要請可能かを本部に無線で連絡しろ！　4番員、聞こえるか、要救助者の北側に進入口を設定する。要救助者の頭部側にかなりのほこりが飛散する可能性がある。要救助者にこれからの作業を説明して、何でもいいから布のような物をかぶってもらえ。

4 番 員：了解！（図6-3）

《医療関係者の要請》

4 番 員：要救助者が布をかぶったようです。
3 番 員：隊長！　医師要請の件、本部に確認しました。到着予定は2時間後です。
隊　　長：よし！　分かった。3番員は傾きマーカーの確認及び安全管理を実施しろ！　各隊員、交替しながら活動を続けるぞ。

写真6-9　建物内ブリーチング実施状況　木造の床面を破壊後、コンクリートをはつり、スラブを切断。

《第2進入口の開口》

隊　　長：よし！　ブリーチング完了！（写真6-9）1、2番員進入、内部の状況を確認しろ。

《内部進入》

1 番 員：隊長！　内部状況にあっては横幅1m、長さ2m、高さ1mほどの比較的広い空間があります。スケッドストレッチャーへの縛着はそこで実施可能です。なお、瓦礫除去完了！
隊　　長：よし！　1番員脱出しろ！　4番員体調はどうだ？
4 番 員：内部では要救助者に寄り添っていただけなので大丈夫です。途中交替していましたし。

隊　　　長：3番員と4番員2名で第2進入口から進入し、要救助者に接触。観察を実施しろ。様子を見ながらクシヤさんの目と口を水ですすげ。飲み水は医療関係者の到着を待とう。その後、要救助者用PPE、ヘルメット、マスク、ゴーグル、耳栓をしろ！　さらに可能なら保温を実施しろ！　1番員は安全管理、2番員は進入管理を行いながら休憩しろ！

全 隊 員：了解。

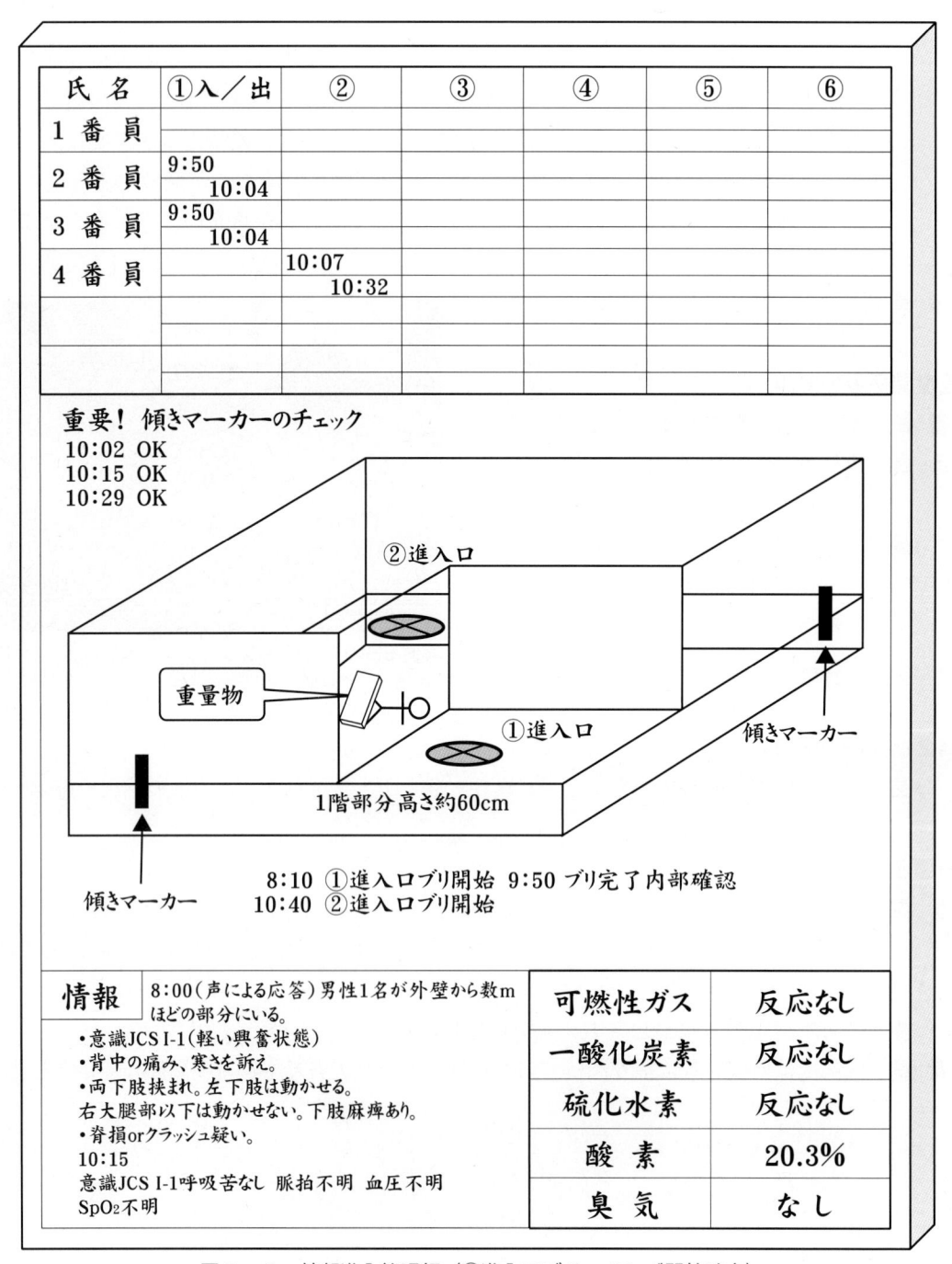

氏　名	①入／出	②	③	④	⑤	⑥
1 番 員						
2 番 員	9:50 / 10:04					
3 番 員	9:50 / 10:04					
4 番 員	10:07 / 10:32					

重要！傾きマーカーのチェック
10:02 OK
10:15 OK
10:29 OK

②進入口
重量物
①進入口
傾きマーカー
1階部分高さ約60cm
傾きマーカー

8:10 ①進入口ブリ開始　9:50 ブリ完了内部確認
10:40 ②進入口ブリ開始

情報　8:00（声による応答）男性1名が外壁から数mほどの部分にいる。
・意識JCS I-1（軽い興奮状態）
・背中の痛み、寒さを訴え。
・両下肢挟まれ。左下肢は動かせる。
　右大腿部以下は動かせない。下肢麻痺あり。
・脊損orクラッシュ疑い。
10:15
意識JCS I-1呼吸苦なし　脈拍不明　血圧不明
SpO₂不明

可燃性ガス	反応なし
一酸化炭素	反応なし
硫化水素	反応なし
酸　素	20.3%
臭　気	なし

図6-3　情報進入管理板（②進入口ブリーチング開始時点）

《医療関係者到着》
医　　師：隊長さん、お待たせしました。診療所の医師でコヅチです。到着しました。
隊　　長：ありがとうございます。要救助者の状況はあちらのホワイトボード（情報進入管理板）を見ながら説明します。写真も撮っていますのでデジタルカメラを見てください。……
医　　師：分かりました。できるだけ詳しく教えてください。

《医療関係者との協議》
隊　　長：コヅチ先生。状況は分かっていただけましたか？
医　　師：ある程度分かりました。私が患者さんを直接観察することはできますか？
隊　　長：……内部は危険です。観察は私たちに任せてください。今、新たに開口部を開け、要救助者の頭部側から隊員が接触しようとしています。内部の安全が確保された段階で必要なら入っていただくことができますか？
医　　師：分かりました。入れるように準備しておきます。

《要救助者の頭部側から接触》
4 番 員：クシヤさん！　KENGOです。これからは顔を見ながら話ができますね。全力で活動しています。絶対に助けますから一緒に頑張りましょう！　体をいろいろ診させてください。
要救助者：……分かりました、……。
4 番 員：生年月日が言えますか？
要救助者：……いつでしたかね……？
4 番 員：（意識レベルが落ちているな。）JCS I -3。呼吸の確認……20回、脈拍橈骨で70回。見える範囲で出血なし。指先に器具を付けますよ（パルスオキシメーターよしSpO$_2$ 98％）頭から順番に観察しますね。触っていきますよ。痛いところがあったら言ってください。
　　　　　（頭部から腹部まで、視診、聴診、触診実施。異常なし。）背中を可能な範囲で触りますよ。無理に動かないでください。
要救助者：……その辺が痛いです。
4 番 員：背中の真ん中付近が痛いのですね。今、両手を触っていますが分かりますか？
要救助者：分かります。
4 番 員：握ることはできますか？……
　　　　　握れますね（麻痺はないな。）。手首で血圧を測りますよ（血圧120の70、よしいいぞ。普段との差を確認しよう。）。通院はしていないのでしたね？　高血圧ではありませんね？

要救助者：はい、違います。
4 番 員：分かりました。
隊　　長：3番員、4番員。要救助者の目と口をすすぐことと、PPEの着装、保温を行え。保温する際は脊髄損傷を考慮して無理に動かそうとするな！　あと、医療処置も考慮しすぐに開けるようなパッキングをしておくこと。いいな！　その後、4番員は一旦退出し状況を報告しろ。3番員は内部に残れ。
3、4番員：了解！
3 番 員：クシヤさん、これからあなたの目と口をきれいにすすぎます。その後、ヘルメットなどを着けてもらい、あなたをシートで包みたいと思います。保温をするためと、引きずり出すときにクシヤさんが瓦礫でけがをしないようにするためです。その際に体を少し動かしますが、楽にしていてください。背中を打ったときに首を痛めている可能性があるので首も固定させてください。（固定中……）頸部固定よし。少しずつシートを背中に入れていきますね。可能な範囲で協力してください。決して無理には動かないでくださいね（写真6-10）。

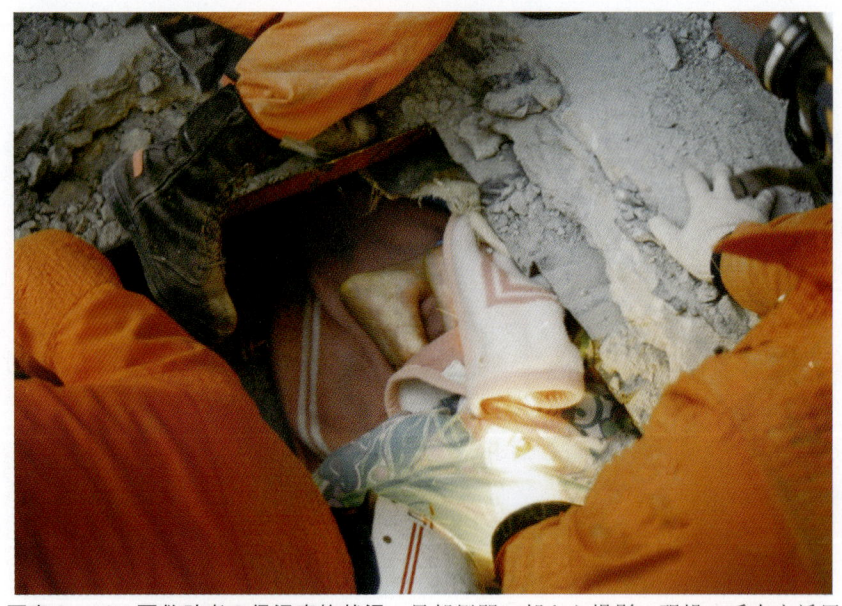

写真6-10　要救助者の保温実施状況　足部側開口部から撮影。現場の毛布を活用し、実施します。

《保温実施》
3 番 員：隊長！　保温完了！　体位変換後のバイタル測定を実施します。
隊　　長：よし！　4番員脱出しろ！　体調は大丈夫か？
4 番 員：大丈夫です。

《医療関係者との再協議》
隊　　　長：4番員。内部の状況を説明しろ。必要なら内部状況を外部で再現して救出計画を検討するぞ。コヅチ先生も話に加わってください。情報を整理しながら、そして、デジタルカメラの映像を見ながら、総合的に判断して検討します（説明⑪）。
医　　　師：分かりました。最善を尽くしましょう。

《救出計画の再変更》
医　　　師：隊長さん、患者さんはクラッシュシンドロームの可能性があります。大量輸液と薬剤の投与を実施しましょう。また、圧迫解放後の容体変化及び心室細動が懸念されるためAEDも装着しましょう。重量物を除去したら早急な救出が必要です。それと、隊員さんからも報告を受けましたが、脊椎が不安定な状況になっている可能性があります。しっかりと安定化を施してから救出しましょう。
隊　　　長：分かりました。これから、内部に当て木などで補強をします。完全ではありませんが、少し安全になります。中に入って医療処置をしてもらえますか？
医　　　師：はい。行きましょう！
　　　　　　救出後のことですが、搬送先の医療機関を血液透析などの治療することを考慮して選定してもらえますか。
隊　　　長：分かりました。搬送先については、本部と調整します。
　　　　　　全隊員聞け！　救出計画を再度変更する。まず、内部を当て木などで補強する。要救助者は、クラッシュシンドローム、脊髄損傷、低体温の疑いだ。内部補強後、医師による医療処置を行う。その後、スケッドストレッチャーを活用し救出する。クラッシュシンドロームは重量物を除去してから早期の救出が求められる。救出経路の障害物をできるだけ除去し、シートや毛布を敷きつめろ。できるだけ急いで救出するぞ！
全 隊 員：よし！

説明⑪　救助と医療の連携

　狭隘空間に取り残された要救助者は、発見までに時間がかかり、救助活動も長時間を要することが多く、容体が悪化する可能性が高いといえます。さらに、狭隘空間に取り残された要救助者は、「低体温症」や「粉塵による障害」などに陥ることが多く、状況によっては「クラッシュシンドローム」や「コンパートメントシンドローム」に陥る可能性もあります。
　そのような状況から要救助者を救うには、救助チームと医療チームの連携活動がとても重要になります。救助チームと医療チームが、日常からコミュニケーションをはかり、訓練や業務などを通して連携を図り、お互いが「何ができ」そして「何ができないか」を理解し合っていることが大切となります。
　その上で、災害現場では救助計画と医療計画を綿密に組み合わせた救出計画を樹立することが必要となります。

《医療関係者の進入》

隊　　長：よし。医療処置を実施するぞ。1番員は医師とともに内部進入し医療処置の補助に当たれ！　コヅチ先生。内部では隊員＜1番員＞の指示に従ってください。内部への進入時間は必要最小限！　できるだけ短い時間とさせてもらいます。あと、絶対に無理はしないでください。

1　番　員：先生。私が先導しますので付いて来てください。先生の安全は私が確保します。

医　　師：はい。行きましょう！

《医療処置開始》

医　　師：クシヤさん、医師のコヅチです。これからクシヤさんを救出するために、心電図などの装置を付けて、点滴を行います。もう少しですから頑張ってくださいね。

要救助者：はい、分かりました、お願いします。

医　　師：隊員さん、AEDの装着はできますか？　あと、心電図モニターは読めますか？

1　番　員：はい、ある程度は大丈夫です！

医　　師：それでは、隊員さんはクシヤさんにAEDを装着して、異常な波形であれば教えてください。私は輸液と薬剤投与の準備を行います。

1　番　員：はい、了解しました！　クシヤさん、装置を付けるために、ちょっと服を脱がせますね……。先生、AEDの装着終わりました。心電図サイナスリズムです。

医　　師：わかりました。それでは輸液を行います。補助をお願いします。

1　番　員：了解しました。

《医療処置完了》

医　　師：隊長さん、処置が完了して出てきました。両上肢にルート確保した状態です。患者さんの容体を観察しながら重量物の除去をお願いします。私は急激な容体悪化に備えて、重量物除去する際は、クシヤさんの近くに待機します。

隊　　長：了解しました。ただ、搬出の際は活動の支障になるので外に出てください。先生の体調は大丈夫ですか？

医　　師：はい、了解です。私は大丈夫です。

隊　　長：2番員、3番員進入準備。AEDのモニターの観察を実施しながら協力し重量物の除去を行え。なお、重量物の除去に当たっては、声掛けを実施しながら徐々に慎重に行え！　バイタルサインに変化があったら報告しろ！　それと、要救助者への声掛けは常に続けること！　重量物除去時は先生が再進入するので安全管理を徹底しろ。

2、3番員：了解！　進入。

《重量物除去》

2　番　員：隊長！　重量物の除去完了。バイタルサイン送ります。意識レベル低下、JCS Ⅱ-20、呼吸28回、脈拍橈骨動脈で120回、SpO₂ 96％、血圧90の50です。作業急ぎます！

隊　　長：よし！　隊員交替を順次行いながら早期に救出するぞ！　急いでスケッドストレッチャーに固定しろ！　脊髄損傷も考慮して、きつめに固定すること。先生！　必要な処置があればお願いします！
医　　師：大丈夫そうです。このまま救出しましょう。

《搬出開始》
2 番 員：隊長！　固定完了、搬出準備よし！
隊　　長：よし！　搬送開始しろ。搬送中に輸液ルートが抜けないよう十分注意すること。
2 番 員：了解。確実に急ぎます。
　　　　　クシヤさん、今からあなたを広いスペースに移動させるため少し引きずります。外に出るまであと少しです！　頑張りましょう！
要救助者：……〈開眼〉。
2 番 員：開眼あり。意識レベルの変化はなし。3番員、確実に、そして急ごう！
3 番 員：確実に急ぐ。了解！

《搬出中》
隊　　長：要救助者のバイタルサインを常に確認し、要救助者に衝撃を与えるな。意識レベルが悪くても常に声掛けは行え！　建物のずれなどに変化は認められないが油断はするな。
2、3番員：了解！
2 番 員：クシヤさん。間もなく外に出られます。頑張りましょう！
要救助者：……は…い。
2 番 員：意識レベルが少し回復したようだ。JCS Ⅱ-10。時間が経過したのでバイタルサインを再チェックしよう。3番員、モニターの確認。自分が呼吸状態を観察する。間もなく救出できるが、焦らず確実に行こう。
3 番 員：了解。……脈拍90回、血圧110/60、SpO₂ 98％。
2 番 員：……呼吸26回。医療処置の効果かな？　若干バイタルサインがよくなっている。よし！　バイタルサインを報告して急ごう！

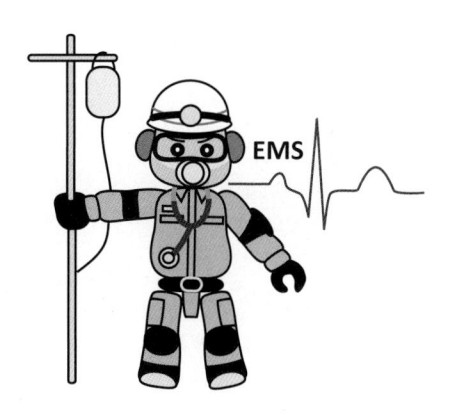

《搬出完了》

隊　　　長：搬出完了！（写真6-11）　クシヤさん分かりますか？　すぐに病院に行きますからね！

要救助者：……はい。

隊　　　長：コヅチ先生、観察をお願いします。

医　　　師：分かりました。

【想定訓練終了】

写真6-11　要救助者救出状況　要救助者を2階部分へ救出。震災による停電で活動環境は暗いです。投光器やでこライトが重要となります。

3　総合訓練のまとめ

　総合訓練が終了しました。要救助者を中心とした活動に注目すると、容体に合った応急救護処置や救急処置がとても重要なことが分かります。指揮活動や救助活動については、訓練により実施可能だと感じたのではないでしょうか。救急処置の部分はどうでしょう。何か抵抗はありますか？　救助隊が医師や看護師、救急救命士のように高度な医学的知識を持ち、医学的な判断をすることは難しいことかもしれません。しかし、総合訓練を読んでいただいて分かるように、少し視野を広げて救急のことを学ぶことで、要救助者の容体を安定させるための判断や多くの処置を行うことができます。

　写真（写真6-12、写真6-13）を見て、是非、イメージしてください。重量物に挟まれた要救助者に対する基本的な救急処置を行い、さらに医療と連携した救出活動を行った後に、無事に医療関係者に引き継ぐことができたイメージです。決して不可能な活動ではないと思います。

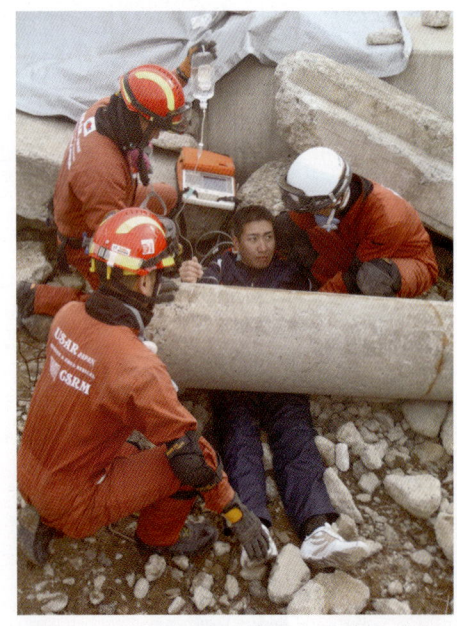

写真6-12　重量物解除時の活動例（AED、輸液）

写真6-13　医療関係者への引き継ぎ

《イメージトレーニングシート》

隊の中でイメージトレーニングを実施してみてください。

イメージトレーニング　パート1

状況　①　1階部分が座屈し、2階部分も傾斜している木造建物。
　　　②　現場到着時、2階部分から脱出した住人より、1階部分に要救助者が1名いるとの情報あり。
　　　③　要救助者情報：震災発生からは3時間程度経過している。バイタルサインは安定しているが、両大腿部に梁(はり)が載っていて、身動きがとれない。両大腿部に疼痛あり。下肢は左右ともに麻痺はなく、足関節は動かせる。

写真6－14　木造建物1階部分座屈状況　　　　写真6－15

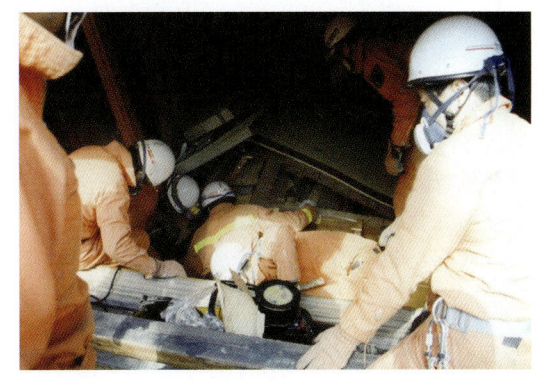

イメージトレーニング　パート2

状況　①　4階部分が座屈し、建物全体は傾斜なく安定しているRC造建物の共同住宅
　　　②　現場到着時、4階部分に多数の逃げ遅れがあるとの情報あり。
　　　③　要救助者状況：震災発生から6時間程度経過している。外部からの声掛けで要救助者を確認。挟まれはないが、震災時に全身を強く打っており、全身の痛みを訴えている。バイタルサインは軽度のショック状態。障害物の除去には長時間を要する。

写真6－16　耐火造建物4階部分座屈階降下タイプ　　　　写真6－17

《各隊員の役割》

　総合訓練において同時進行で行われていた各隊員の活動について、ポイントを整理しましょう。
　ここで紹介したCSRMは、地震などによる大規模災害を想定しており、通常の災害活動に比べ、長時間活動が予想されます。そのため、限られた消防力を円滑に効率的に運用するためには、活動する各隊員の役割分担を明確にする必要があります。

① 隊長の役割

- 現場状況の確認及び情報の共有化
- 活動スペースの確保
- 環境観察の指示
- 要救助者の捜索及び位置確認の指示
- 各活動隊員への活動指示及び適正配置
- 進入管理（内部活動時間の指示及び管理）
- 活動隊員の体調管理（健康管理）
- 緊急時の合図確認（退出方法などを含む。）
- 救出計画の決定
- 他機関などとの調整及び連携
- 指揮本部との連絡調整

② 活動隊員（進入隊員）の役割

- 要救助者の捜索及び位置確認
- 安定材と不安定材の確認（不安定材の除去及びマーキングなど）
- 内部状況の確認（長さ、大きさ、障害物、空間、危険箇所など）
- 進入口の設定（ブリーチングなど）※
- 倒壊及び損壊建物の安定化（ショアリングなど）※
- 外部への情報伝達（声、無線、携帯電話、デジカメ、メモ帳など）
- 要救助者の観察、応急処置（詳細観察、止血、保温、声掛けなど）
- 救出計画の助言（内部の状況を把握しているため）
- 使用資器材の管理、準備、調達など

※全隊員で行う活動となる。

③ 進入管理者の役割（情報進入管理板への記入、情報管理）

- 環境観察の状況
- 隊員の進入・退出時間の管理
- 現場の見取り図（内部情報など）
- 要救助者の情報（容体観察の結果、個人情報など）

④ 安全管理者の役割

・危険因子へのマーキング及び二次的災害危険の早期予測
・継続的な環境観察の実施
・各隊員の安全管理（危険情報などの情報共有化）

　以上に記載した各隊員の役割分担は一例であり、これが全てというわけではありません。役割を与えられた隊員が何をすべきかを、隊長は明確に指示し、隊員が理解することが大切です。

　震災により座屈倒壊する建物は多種多様であり、建物構造や状況によってCSRMも変わってきます。しかし、活動が変わっても「基本的な確認項目や行動」は、ほとんど変わりません。

　今まで学んできた知識と技術は、全国救護活動研究会において多くの仲間たちとともに研究し、作り上げてきたものです。

　ここで説明した隊員たちの活動は、この「基本的な確認項目と行動」を盛り込んだものとなります。

　もちろん、ここで説明した内容が全てではないと思います。全国救護活動研究会では、今後も引き続き研究会の輪を広げていき、より効率的で救命率の上がる活動について研究していきます。

KENGO君

S：想定終了〜〜。みんな、約7時間の想定訓練、お疲れさま。KENGOの動きはどうでした。
先輩方：いや〜、よかった。しっかり動けてたぞ。
K：あっ、ありがとうございます。
S：1年間、よく頑張ったな。俺も横で訓練を見ていて、うれしかったぞ。
K：でも、いっぱいいっぱいでした。
先輩方：それはそうさ。俺たちも最初は同じだよ。
S：KENGO、これからが大切だぞ。CSRMの技術は今が100点ではないんだ。100点を目指した第一歩を踏み出したんだ。みんなで力を合わせて頑張っていこう。KENGO！新人卒業だな。

——KENGO、先輩、そして、総合訓練をともにした先輩方は固い握手を交わした。KENGOは先輩に抱きついて、「ありがとうございました！」と叫んで、涙ぐんだ。

索　引

あ　安全の１－２－３‥‥‥‥‥‥‥‥23
　　アンダートリアージ‥‥‥‥‥‥‥74
　　　実際の病態よりも症状が軽いと判断（推測）すること

い　一酸化炭素中毒‥‥‥‥‥‥‥54、55

え　遠位‥‥‥‥‥‥‥‥‥‥‥‥‥‥83
　　　四肢については、体幹に近い側を近位、遠い側を遠位という

お　オープンクエスチョン‥‥‥‥‥81
　　オーバートリアージ‥‥‥‥‥‥‥51
　　　実際の病態よりも症状が重いと判断（推測）すること

か　加圧バッグ‥‥‥‥60、61、62、64、75
　　傾きマーカー‥‥‥‥12、13、14、15、82、83、86、89、90
　　褐色尿（ポートワイン尿）‥‥‥‥73
　　活動スペース‥‥‥‥18、24、28、34、78、81、82、83、98
　　カリフォルニアロール‥‥‥‥‥‥64
　　簡易全身観察‥‥‥‥‥‥‥‥‥‥66
　　環境観察‥‥‥‥13、24、25、34、77、78、82、83、98、99
　　眼瞼結膜‥‥‥‥‥‥‥‥‥‥‥‥65
　　　まぶたの裏側の膜。貧血などの症状を診ることが可能

き　危険因子‥‥‥‥5、16、17、20、23、35、70、82、83、99
　　　危険の原因、危険物、障害物などのこと
　　危険度確認‥‥‥‥‥‥‥‥‥‥‥13
　　嗅覚疲労‥‥‥‥‥‥‥‥‥‥‥‥17
　　救急隊保有資器材‥‥‥‥‥‥53、59
　　　体温計・血圧計・ネックカラー・シーネ・気管挿管

く　くさび‥‥‥‥‥‥‥‥‥‥‥‥‥19
　　クラッシュシンドローム（圧挫症候群）
　　‥‥‥‥44、58、60、70、71、72、73、74、79、83、87、88、89、93
　　クリブ‥‥‥‥‥‥‥‥‥‥‥‥‥19
　　クリビング‥‥‥‥‥‥5、6、18、19、42
　　クレンメ‥‥‥‥‥‥‥‥‥‥‥‥62
　　　点滴の滴下速度調整器
　　クローズドクエスチョン‥‥‥‥‥81
　　グリッド線‥‥‥‥‥‥‥‥‥‥‥26

こ　コンパートメントシンドローム（筋区画症候群）‥‥‥‥‥‥44、71、93

さ　サイレントタイム‥‥‥‥26、27、78
　　サーチングホール‥‥‥‥‥‥‥‥43
　　　内部などを確認する穴
　　三方活栓‥‥‥‥‥‥‥‥‥‥‥‥62
　　　輸液の流れる方向を変える道具

し　四肢麻痺‥‥‥‥‥‥‥48、65、66
　　シバリング（振戦）‥‥‥‥‥‥‥46
　　シム‥‥‥‥‥‥‥‥‥‥‥‥‥‥19
　　　積め木のこと
　　出血量の目安‥‥‥‥‥‥‥‥‥‥71
　　ショアリング‥‥‥‥5、6、7、12、14、19、20、21、22、24、25、78、82、98
　　ウィンドウ・ショア‥‥‥‥‥‥22
　　スポット（ポスト）・ショア‥‥22、82
　　スロープド・フロア・ショア‥‥‥22
　　ドア・ショア‥‥‥‥‥‥‥‥‥22
　　ホリゾンタル・ショア‥‥‥‥‥21
　　レイカー・ショア‥‥‥‥‥21、82
　　初期評価‥‥‥‥‥‥‥‥‥‥66、67
　　ショック‥‥‥‥5、9、50、51、54、70、71、72、97
　　心電図モニター‥‥‥53、56、57、64、94
　　進入管理者‥‥‥‥‥29、32、33、34、98
　　自着式弾性包帯‥‥‥‥‥‥‥‥‥63
　　　ナイロン不織布と弾力糸から形成される包帯で、ずれることなく、確実な保持と圧迫固定が可能。包帯同士が相互にからみ合い接着するので、包帯止めなどは不要
　　12誘導‥‥‥‥‥‥‥‥‥‥‥‥‥56
　　循環血液量‥‥‥‥‥‥‥50、51、71
　　情報進入管理板‥‥‥‥8、28、29、31、34、83、84、85、86、88、90、91、98
　　人的基本捜索‥‥‥‥‥‥24、26、34

す　スケッドストレッチャー（SKED）‥‥8、9、30、37、38、39、76、89、93、95

索　引

	ロングタイプ、ハーフタイプ
せ	脊髄損傷……………79、83、92、93、95 　　脊椎を損傷して神経所見があるもの
	脊椎損傷……37、43、47、48、51、87、88、89 　　脊椎を損傷して神経所見がないもの
そ	爪床………………………………………66 　　爪の付け根部分
	捜索災害救助犬…………26、34、35、52
た	脱水……………………44、55、60、70
つ	ツルゴール反応………………………70 　　皮膚の緊張度、弾性の反応
て	低体温……6、43、44、46、70、72、83、93
	でこライト………………8、36、37、92
と	倒壊パターン……………………………3 　　一方座屈タイプ、Vタイプ、腕木タイプ、多重座屈タイプ、座屈階降下タイプ
	トリアージ（救助的・医療的）……5、23、25、66
	トリアージタッグ……………………67
	ドリップチャンバー…………………62
	導尿……………………………………49
は	パーシャルアクセス…………68、79、87 　　体の一部分のみに接触し観察すること
	バイタルサイン……10、30、31、36、65、67、68、73、75、87、89、94、95、97 　　呼吸数、脈拍数、血圧、体温などの情報
	バイタルサイン測定キット………10、52
	パッキング……30、40、47、48、49、64、72、92
	はつり（はつり作業）………42、43、89 　　石を割ったり削ったりすること
	パルスオキシメーター……10、49、53、54、55、59、64、74、75、76、87、88、91
	ハンドラー……………………………35 　　犬にうまく指示を出し、コントロールする人のこと
ひ	1人ログロール……………39、47、48
ふ	ブリーチング……4、12、42、83、84、85、86、87、89、90、98
	迅速破壊（ダーティーブリーチ）…………………………………42、43
	コンクリート飛散防止破壊（クリーンブリーチ）………42、43
へ	ペインコントロール…………………75 　　疼痛管理
ほ	ボイスコンタクト……………………68
	防塵マスク………………8、40、76
	ポータブルエコー（FAST）………53、58 　　携帯型超音波診断装置。FAST：外傷の初期診療における迅速簡易検査法
ま	マーキング……7、12、13、14、15、16、17、83、84、85、98、99
む	ムービング……………………5、18
も	モニタリング…………………………33
ゆ	輸液……53、60、61、62、63、70、71、74、75、93、94、96
	輸液バッグ………………60、61、62
り	リフティング……………5、18、19、42
	留置針…………………………………63
る	ルート…………61、62、63、75、84、94 　　輸液ルート、輸液ライン、ラインともいう
れ	レスキューボード……………………10
ろ	ログロール……………………………47
A	AED　…………………58、59、75、96
C	CRT………………………65、66、71 　　毛細血管再充満時間
	CS　………………6、36、37、52、58
	CSCATTT　……………………………23

索引

CSM ·· 6
CSR ································ 6、36、37、38

G GUMBA ···································· 68
原因・訴え（主訴）・めし（最終食事摂取時刻）・病気、病歴・アレルギーの頭文字をとったもの

P PPE ······ 8、23、24、29、30、32、34、36、
70、76、77、90、92

S SAMPLE ································ 68、80
症状・アレルギー・内服薬・病歴・最終食事摂取時刻・原因の英語表記の頭文字をとったもの

V Void ···················· 3、4、22、26、36、78
空間のこと

KENGO Project Team

リーダー	八櫛　徳二郎	
調整担当	小島　大輔	印西地区消防組合（千葉）
メンバー	青木　裕一	利根沼田広域消防本部（群馬）
	伊藤　　仁	置賜広域行政事務組合消防本部（山形）
	伊藤　祐貴	今治市消防本部（愛媛）
	内芝　久美子	OPDES災害捜索救助犬（大阪）
	打出　啓二	下地診療所（沖縄）
	大山　　太	東海大学（神奈川）
	小田上　武史	府中町消防本部（広島）
	金川　和生	（埼玉）
	川澄　和員	田原市消防本部（愛知）
	菊池　充教	東根市消防本部（山形）
	木曽　雄介	（兵庫）
	木田　拓志	八尾市消防本部（大阪）
	久保　雅裕	香南市消防本部（高知）
	小林　靖典	渋川広域消防本部（群馬）
	清水　宏行	湖北地域消防本部（滋賀）
	杉浦　秀典	浜松市消防局（静岡）
	徳永　龍貴	豊後高田市消防本部（大分）
	中村　直哉	（広島）
	野本　恵一	（千葉）
	開　　紀幸	杉戸町消防本部（埼玉）
	藤川　真人	彦根市立病院（滋賀）
	藤田　　剛	江津邑智消防組合（島根）
	松本　孝志	（兵庫）
	松本　秀樹	（兵庫）
	本廣　陽一	山口市消防本部（山口）
	矢口　智博	芳賀地区広域行政事務組合消防本部（栃木）
	吉田　康明	千葉市消防局（千葉）
	渡瀬　賢太	東近江消防本部（滋賀）

（五十音順　敬称略）

〜全国救護活動研究会ホームページ〜
「https://csrm.boo.jp/」

全国救護活動研究会では、CSRMベーシックガイドに関するご意見、ご要望を受け付けています。何かありましたら、ぜひ、お気軽に「kou894@mac.com」へメールをお願いします。研究会ホームページでは、ご意見、ご要望の内容と合わせ、回答を公開（ホームページ内「ベーシックガイドコメント広場」）しています。

CSRMベーシックガイド　オープニング動画はこちら

CSRMベーシックガイド

平成25年4月5日　初　版　発　行
令和7年2月15日　初版12刷発行

著　者／全国救護活動研究会
発行者／星　沢　卓　也
発行所／東京法令出版株式会社

112-0002	東京都文京区小石川5丁目17番3号	03(5803)3304
534-0024	大阪市都島区東野田町1丁目17番12号	06(6355)5226
062-0902	札幌市豊平区豊平2条5丁目1番27号	011(822)8811
980-0012	仙台市青葉区錦町1丁目1番10号	022(216)5871
460-0003	名古屋市中区錦1丁目6番34号	052(218)5552
730-0005	広島市中区西白島町11番9号	082(212)0888
810-0011	福岡市中央区高砂2丁目13番22号	092(533)1588
380-8688	長野市南千歳町1005番地	

〔営業〕　TEL 026(224)5411　FAX 026(224)5419
〔編集〕　TEL 026(224)5412　FAX 026(224)5439
https://www.tokyo-horei.co.jp/

©Printed in Japan, 2013
　本書及び動画の全部又は一部の複写、複製及び磁気又は光記録媒体への入力等は、著作権法での例外を除き禁じられています。これらの許諾については、当社までご照会ください。
　落丁本・乱丁本はお取替えいたします。

ISBN978-4-8090-2540-2